십자가란 무엇인가

IVP(InterVarsity Press)는
캠퍼스와 세상 속의 하나님 나라 운동을 지향하는
IVF(InterVarsity Christian Fellowship)의 출판부로
생각하는 그리스도인을 위한 문서 운동을 실천합니다.

Published in English as *What Was God Doing on the Cross?*
by Wipf and Stock Publishers, Eugene, OR, USA.
Original English edition copyright ⓒ 1992, McGrath, Alister.
Previously published by Zondervan Publishing, 1992.
This limited edition licensed by special permission
of Wipf and Stock Publishers(www.wipfandstock.com)
through arrangement of rMaeng2, Seoul, Republic of Korea.
All rights reserved.

This Korean translation edition ⓒ 2016 by Korea InterVarsity Press
156-10 Donggyo-Ro, Mapo-Gu, Seoul 04031, Korea

이 한국어판의 저작권은 알맹2 에이전시를 통하여
Wipf and Stock Publishers와 독점 계약한 IVP에 있습니다.
신 저작권법에 의하여 한국 내에서 보호받는 저작물이므로
무단 전재와 무단 복제를 금합니다.

알리스터 맥그래스

십자가란 무엇인가

그리스도가 성취한
승리, 구속, 용서, 해방, 치유

김소영 옮김

Ivp

차례

감사의 말　7

들어가는 말_ 십자가 이해하기　9

1. **십자가에 달린 예수**　11
   그 사람이 하나님이었다면?

2. **부활하신 그리스도**　23
   환각인가 입증인가?

3. **십자가와 부활의 참 의미**　43
   어떤 것들은 보이는 것 이상이다

4. **십자가의 이미지들**　53
   전쟁터, 법정, 재활 치료소, 감옥, 병원

5. **십자가에서 이루어진 일**　107
   변화되는 이는 하나님인가 우리인가?

6. **십자가를 믿는 삶**　119
   그리스도를 닮아 가는 우리

맺는 말_ 영원한 희망의 상징　143

주　147

감사의 말

이 책은 1990년 10월 22일에 프린스턴 신학교에서 강연한 내용을 대폭 확장해서 쓴 것이다. 그 강연에서 나는 우리가 간과하고 오해해 온 십자가에 대한 고전적인 접근을 우리 시대의 요구에 적합하게 만드는 방법들을 찾아 나가기 시작했다. 당시 나를 따뜻이 맞아 준 디오게네스 앨런 교수와 토머스 W. 길레스피 총장, 이 강연 내용이 꼭 글로 나와야 한다며 나를 설득했던 학생들에게 감사를 드린다. 내 글에서 수많은 표현상의 과오를 잡아내고 전문적인 신학 용어를 남발하지 않도록 도와준 줄리엣 뉴포트에게도 감사한다.

들어가는 말
십자가 이해하기

십자가는 기독교 신앙의 중심이다. 그런데 십자가는 과연 무슨 의미일까? 우리는 어떻게 해야 십자가를 이해할 수 있을까? 많은 그리스도인들이 십자가의 온전한 의미를 알고자 씨름하다 보면 신앙이 깊어지고 새로운 면모를 띠게 되리라고 생각한다. 이들은 십자가에서 얻을 수 있는 통찰들을 단지 어렴풋이 알 뿐이라고 여겨, 그리스도의 십자가에 대한 기독교적 이해의 풍성함을 짚어 줄 누군가를 찾는다. 잠겨 있는 보물 상자가 열리기를, 그 속에 담긴 반짝이는 내용이 모두의 눈앞에 펼쳐지기를 고대하는 것이다.

이런 생각을 해 본 적이 있다면, 이 책은 당신에게 꼭 맞는 책이다. 이 책은 마치 십자가에 대해 처음 들어 본 것처럼 십자가를 탐구해 보려는 시도다. 종종 진부한 논의로 전락해 버리던 것에 신선한 공기를 불어넣음으로써 신앙의 새로움을 회복하려는 것이다. 십자가에 대한 풍요로운 기독교적 이해를 간단하면서도 너무 단순하지는 않게 정리하는 것이 이 책의 목표다. 이 책은 철저히 전통적인 방법론을 따른다. 흡사 탐험가가 거대한 산 아래를 돌며 여러 방향에서 비탈을 살피는 것처럼, 그리스도의 십자가에 대한 여러 관점을 제시할 것이다. 여기서 나는 독창적인 주장을 펴는 대신, 독자들이 예수 그리스도의 십자가 죽음과 부활에 관한 기독교적 통찰의 보고(寶庫)에 쉽게 접근하도록 돕는 것을 목표로 삼았다. 나는 평범한 그리스도인들과 그들을 목양하는 사람들의 필요를 전적으로 염두에 두고 이 책을 썼다. 여기에 담긴 통찰들은 당신에게 남겨진 유산이다. 이 책은 당신이 그 통찰들을 소유하도록, 그로써 신앙과 이해를 깊게 하도록 돕기 위해 쓰였다.

1
십자가에 달린 예수
그 사람이 하나님이었다면?

우리는 지금, 어느 늦은 봄날 아침 고대 예루살렘의 제2성벽 위에 서 있다. 하나님의 백성이 언약을 지키시는 하나님의 신실하심을 기억하는 유월절이 막 시작되려는 참이다. 성내에서는 유월절 양들을 도살할 채비를 하고 있다. 그러나 예루살렘이 더 이상 자유 도시가 아니라는 인식 탓에 이 대축제의 의의는 다소 바래어 있다. 예루살렘 성과 주변 지역 모두 로마의 지배를 받고 있으며, 그렇게 된 지도 벌써 오래다.

로마인들은 환영받지 못하고 있다. 지역 주민 다수가 그들의 통치를 견딜 준비가 되어 있긴 하지만, 많은 이들이 독립과 국가의 회복을 꿈꾼다. 그들은 하나님 나라의 도래에 관해, 자신들을 속박에서 벗어나게 해 줄 오랜 숙원이던 구세주의 오심에 관해 이야기한다. 때로 그 꿈들은 행동으로 번져 반란으로 이어지기도 한다. 그럴 때마다 로마인들은 반란을 무자비하게 진압하고 주모자들을 처형한다.

로마인들이 선호하는 처형 방식은 '십자가형'이라고 불린다. 깔끔하고 냉정하게 들리는 이 단어가 가리키는 것은 합법화된 가학성에 지나지 않는다. 십자가형은 아마도 이제껏 고안된 처형 방식 중 가장 사악한 방법일 것이다. 그저 서서히 고문을 가해 죽이는 것으로, 아주 효과적이다. 십자가형을 당하고 살아남은 사람은 없으며, 다른 이들은 로마인들에게 저항하는 것을 아예 단념하게 된다. 반란을 일으키면 어떻게 되는지 뼈저리게 느끼게 하려면 십자가에 달린 시신을 모두가 볼 수 있도록 대로변에 죽 늘어놓는 광경만 한 것이 없다.

어떤 일이 일어나는지 모두가 알고 있다. 사람들은 귀에 못이 박히도록 들어 왔고, 직접 본 적도 많다. 십자가형은 죄수의 옷을 허리까지 벗기고 채찍질하는 것으로 시작한다. 물론 평범한 채찍이 아니라 끝에 깨진 뼛조각들이나 작고 거친 금속 조각들이 달린 것이다. 채찍에 맞은 죄수의 등은 갈기갈기 찢어진다. 그런 다음 그는 처형장까지 자신의 십자가를 지고 간다. 십자가에는 여러 형태가 있지만 기본 구조는 모두 같은데, 로마인들이 파티불룸(*patibulum*)이라고 부르는 일종의 무거운 가로장이 십자가의 중심 기둥에 결합된다. 바로 이 가로장을 죄수가 처형 장소까지 지고 가야 한다. (섬뜩한 유머 감각을 지닌 누군가가 그곳을 '해골의 곳'이라 불렀다.) 일부러 그들을 탈진하게 하려는 것이다.

처형장까지 끌고 간 후, 로마인들은 죄수의 옷을 벗긴다. 보통 이때 군중들 사이에서 작은 웃음소리가 새어 나온다. 공개 처형이 사람들의 관심을 끄는 이유는 무엇일까? 육체의 고통에 공개적 굴욕이 더해져 십자가형은 특별히 수치스러운 일이 되고, 따라서 반역을 억제하는 효과를 낸다. 그런 다음 죄수는 십자가에 달린다. 보통 손목에 못을 박는데, 손바닥에 못질하면 몸이 십자가에서 떨어질 수 있어서 일을 다시 해야 하기 때문이다. 십자가의 중심 기둥 중간쯤에 달린 세딜레(sedile)는 일종의 작은 의자로, 죄수가 떨어지는 것을 막는 장치다. 이 장치는 또한 죄수가 너무 빨리 죽지도 못하게 한다. 숨을 쉬는 것 자체가 점점 고통스러워지고, 마침내 견딜 수 없는 지경에 이르러서야 의식을 잃고 질식해 죽는 것이다.

무자비하고 냉소적인 이 세상의 비극을 기준으로 삼아도, 참으로 끔찍하고 비참한 장면이다. 유월절 양들도 이보다는 더 인도적인 방식으로 죽음을 맞는다. 신속하게 한 번 베면 모든 게 끝나며, 죽음의 고통은 최소화된다. 누군가를 십자가에 매다는 것은 그 고통을 연장시키려는 것이다. 그렇지만 처형에 소요되는 시간에는 제한이 있어야 한다. 사형 집행인들이 해가 진 뒤에까지 그곳에 있기를 기대할 수는 없는 노릇이다. 그래서 로마인들은 과정을 신속히 마무리할 깔끔한 방법을 고안해 냈는데,

바로 최후의 일격(*coup de grâce*)을 가하는 것이었다. 그들은 죄수의 다리를 부러뜨렸다. 그러면 순간적으로 더 이상 스스로 지탱할 수 없게 되어 가슴에 견딜 수 없이 큰 압박이 가해진다. 결국 폐에 무리가 가서 빠르게 죽음에 이른다.

그렇게 비참한 상황이 우리 눈앞에서 벌어지고 있는 듯하다. 세 명의 죄수가 가로장의 극심한 무게에 짓눌려 하나같이 몸이 몹시 굽은 채로 휘청거리며 지나가고 있다. 그중 한 사람은 상태가 매우 좋지 않은 듯한데, 실은 지금 막 그가 쓰러졌다. 병사들이 구경꾼 하나를 데려다가 십자가를 대신 지운다. 이제 처형장에 이르렀다. 죄수들을 발가벗겨 십자가에 못 박고 있다. 구역질 나는 광경이다. 하지만 군중들은 무척 좋아하는 것 같다. 그들은 처형당하는 이들을 향해, 특히 셋 중 한 사람에게 유독 온갖 욕설을 퍼붓고 있다. 그 사람이 어떤 특별한 인물이기라도 한 걸까?

그는 목수였다고 한다. 이것이야말로 진짜 아이러니가 아닌가. 목수가 십자가에 못 박히다니, 자신이 만든 것에 달려 죽게 되다니 말이다. 창조주가 피조 세계에 의해 파괴되는 꼴이다. 그런데 목수를 무슨 일로 십자가에 못 박는 걸까? 다른 두 사람은 어떤 죄를 지은 자들이다. 그들이 열심당원, 곧 로마의 통치를 철폐하고자 하는 혁명가들이라는 말도 있다. 하지만 세 번째 사람은? 그는 범죄자로 취급받고 있긴 하지만 좀 다른 것 같다.

그는 누구이며, 어쩌다 여기까지 오게 된 걸까?

사람들은 그가 교사였다고, 그의 가르침에는 권위가 있었다고 말한다. 그러나 그것만으로는 저기에 달릴 충분한 이유가 되지 않는다. 그가 로마에 저항하라고 가르쳤다는 사람은 아무도 없었다. 사실 그는 열심당원들을 멀리했다고 한다. 좀더 그럴듯한 이유가 있을 것이다. 물론, 그가 자신에 대해 당치도 않은 주장들을 늘어놓았다는 이야기는 있다. 자신이 죄를 용서할 수 있다고 주장했다는 것이다. 오직 하나님만 죄를 용서하실 수 있다는 걸 누구나 아는데도 말이다. 어쩌면 그는 자신이 하나님이라고 주장했던 것일까?

사람들이 왜 그 주장을 좋아하지 않았는지는 자명하다. 하나님이 이 땅에 오셔서, 사람들이 그분에 대해 말하는 한심하고 하찮은 이론들에 관해서 입장을 밝히셨다고 생각해 보라. 신학자들이 얼마나 불쾌해할까! 하나님에 대한 모든 논의가 뜬구름 잡듯 허황된 것으로 드러나고, 모조리 폐기되고 말 것이다! 이 사람이 하나님이라면, 신학자들의 놀이터에 폭탄이 떨어진 것이나 다름없다. 모든 재미를 망칠 것이다. 이 사람이 당하고 있는 고통을 좀 보라. 고통당하는 하나님에 대해 들어 본 사람이 있나? 말도 안 되는 발상이다. 하나님은 저 하늘에 계시고 거기 머무시는 분이다.

하지만 만약 그게 사실이라면 정말 멋지지 않을까? 위대한 왕이 자기 백성을 찾아오듯 하나님이 우리를 찾아오신다면 말이다. 더 나아가 그가 우리 같은 존재로 우리 가운데 오셔서, 인생의 모든 비극, 슬픔, 비통함을 함께하신다면! 그를 만질 수 있다면 참으로 놀랍지 않을까? 그를 눈으로 본다면? 사람의 모습을 한 하나님을 만날 수 있다면? 그렇게 된다면 하나님에 대한 우리의 사고방식은 완전히 바뀔 것이다. 하지만 그럴 리가 없다. 그저 희망 사항일 뿐이다. 어쨌든 이 사람이 정말 하나님이라면, 도대체 십자가 위에서 뭘 하고 있는 걸까?

하나님이 전능하신 분임을 누구나 안다. 그렇다면 이렇게 비참한 상황에서 그분은 과연 무엇을 하고 있는 걸까? 그분이 받은 굴욕을 떠올려 보라! 하나님은 현명한 분이시니, 이 상황을 면하실 수 있었을 것이다. 이 사람이 십자가에서 최후를 맞았다는 사실이야말로 그가 하나님이 아니라는 결정적인 증거다. 더군다나, 하나님께 버림받은 것에 관해 그가 막 무어라 외쳤다는 소문이 퍼지고 있다. 필요하다면 증거는 얼마든지 있다.

그가 참으로 훌륭한 종교 선생이었다는 점에는 모두가 동의하는 듯하다. 그러니 그는 자신이 하나님이라거나, 하나님만이 하실 수 있는 일들을 한다고 주장하며 돌아다녔을 리 없다. 그건 과대망상이다. 종교 지도자로서 받던 신뢰를 일거에 무너뜨릴 만한 일이다. 그가 자신이 하나님이라고 암시하는 어떤 말이나 행동이라도 했다면, 우리는 그를 스승으로 받아들일 수 없었을 것이다.

만일 그가 **정말** 하나님이었다면, 우리는 그의 말에 귀를 기울였을 것이다. 우선, 그는 하나님에 대해 직접적으로 말해 줄 수 있다. 나머지 우리 모두는 간접적인 추측밖에 할 수 없는데 말이다. 어쨌든 그 누구도 하나님을 본 적이 없지 않은가. 하나님의 직통 전화번호를 아는 사람도 없다. 하나님이 어떤 분이며 우리가 무엇을 하기 원하시는지 정확히 알지도 못한다. 우리는 모두 같은 처지다. 그가 우리와 다르다면, 우리는 모르는 것을 알고 있다면, 실로 상당히 위협적인 일이다. 신학자들이 코가 납작해질 것이다. 목수가 하나님에 관해 자기들보다 더 많이 안다고 했을 때 그들이 얼마나 굴욕감을 느꼈을지 상상해 보라. (결국 신학자들이 왜 그를 십자가에 못 박고 싶어 했는지 알 것 같다!)

그렇지만 그가 하나님이었을 리 없다. 사람이 된 하나님이라니, 그야말로 허무맹랑한 이야기다. 그 누구도 하나님이면서 동시에 사람일 수 없지 않은가. 설령 하나님이 그런 시도를 하려 해도 온갖 논리적 난관에 봉착하게 될 것이다. 이런 신학적 문제를 해결할 만한 논리적 정답 같은 것은 존재하지 않는다.

그렇다면 그는 누구였을까? 평범한 선생 이상의 존재였음에는 틀림없다. 누가 살인을 저질렀는지 알아내려는 추리가 없다는 점만 빼면, 꼭 탐정 소설처럼 신비에 싸여 있다. (누가 이 사람을 죽이는지에 대해서는 추리할 것도 없다. 로마인들이 아닌가.) 우리는 죽인 사람보다는 오히려 죽은 사람이 누구인지에 대한 수수께끼를 풀어야 한다. 그러려면 몇 가지 단서가 필요하다.

그의 배경을 살피면서 시작해 보자. 그는 나사렛 출신이라 한다. 그렇다면 썩 기대되는 출발은 아니다. 나사렛에서 대단한 일이 시작될 리 없지 않은가? 게다가 그의 출생에 얽힌 소문도 있었다. 제대로 된 아버지가 없다거나 하는 얘기들 말이다. 그가 낮은 계급의 로마 병사와 유대인 소녀 사이의 부적절한 관계에서 태어났다는 얘기도 있다. 문제를 풀기가 점점 더 어려워져만 간다.

그런데 다른 소문이 있다. 그가 유대 베들레헴에서 왔다는 것이다. 고대 이스라엘의 왕족과 오랜 연관이 있는 곳 말이다. 혹시 그는 이스라엘의 새로운 왕일까? 어찌 되었든, 그의 머리 위쪽에 '유대인의 왕'이라고 쓰인 팻말이 달려 있다. 하지만 그건 그저 모욕하려고 조롱 삼아 달아 놓은 것 같다. 그에게 씌운 저 가시관을 보라.

그는 종교적 예언자쯤 되었을지도 모른다. 두어 해 전 어떤 사람을 놓고도 야단법석이 일지 않았던가. 몇 년쯤 전에 요단강 주변 광야에서 사람들에게 세례를 주기 시작한 그이 말이다. 사람들은 그를 세례 요한이라 불렀다. 어떤 이들은 그가 하나님 백성의 역사에서 새로운 시대의 시작을 보여 준다고 생각했다. 그리고 하나님이 무언가 굉장히 새로운 방식으로 말씀하시리라

여겼다. 하지만 요한은 자신이 단지 전령일 뿐이며, 위대한 분이 자기 뒤에 오실 것임을 알았다. 그 사실은 사람들을 무척이나 흥분시켰다. 하나님이 자기의 길을 예비하도록 미리 전령을 보내시다니! 이 사람이 전령이라면, 사람들이 곧 대단한 일이 일어나리라고 믿은 것도 당연하다. 다시 말해, 하나님이 자기 백성에게 찾아오시는 일, 실제로 그들 가운데 임재하시는 일 말이다. 실로 어마어마한 일 아닌가! 그러나 지금 벌어지는 초라한 장면은 그 이야기를 망쳐 버린다. 저곳에는 하나님의 흔적이 없다.

하지만 또 다른 단서들이 있었다. 십자가에 달린 저 사람이 무리에게 들려주었던 비유들 말이다. 그의 가르침에는 권위도 있었지만 그게 전부는 아니었다. 사람들은 자신들을 이런 식으로 가르칠 어떤 특별한 분을 기대하고 있었던 것 같다. 또한 그는 다리 저는 사람, 듣지 못하는 사람, 눈먼 사람, 말 못하는 사람들을 고쳐 주었다. 사람들에게는 이런 일들이 의미가 있었던 것 같다. 그들은 바로 그런 분을 기다리고 있는 것 같았다.

그가 예수라 불린 것은 또 하나의 단서다. 예수는 '하나님이 구원하신다'는 뜻이기 때문이다. 사람들은 하나님이 예수를 통해 자기 백성을 구원한다든지 하는 큰일을 하시리라 기대했던 것 같다. 하지만 그를 거부하고 멸시한 건 다름 아닌 그의 백성이었다. 이치에 맞지 않는 일이다. 모두가 그토록 오랫동안 기다려 온 인물이 바로 이 사람이라면, 어째서 그를 넘겨주어 이런 식으로 처형당하게 한단 말인가? 그는 메시아일 리가 없다. 모두가 아는 대로, 메시아는 자기 백성을 로마의 속박에서 벗어나게 할 승리의 영웅이다. 그리고 드다와 갈릴리 사람 유다처럼 자신이 메시아라고 주장하는 이들은 또 있었다. 그들이 어떻게 되었는지 보라. 예수가 어떻게 되었는지 보라. 사실, 사람들은 예수에게 그가 메시아인지 물었다. 그는 대답하지 않았다. 자신을 고소한 사람들 앞에서 침묵했다. 어떤 이들은 그 점을 중요하게 생각하는 듯하다.

그러나 지금, 그는 추종자들에게 버림받았다. 그와의 관계를 공개적으로 부인한 사람도 있다고 한다. 심지어 하나님마저 그를 버린 듯하다. 실제로 사람들은 그가 하나님의 저주를 받아 죽었다고 한다. 그가 죽은 방식, 곧 나무에 달린 것을 놓고 하는 이야기다. 비아냥대는 군중들에게 시달리며 친구들과 하나님에게 버림받은 채 극심한 고통 속에 죽어야 하다니, 참으로 비참한 종말이 아닌가.

이제 처형장 위로 해가 지기 시작한다. 하나님이 세상을 창조하는 일을 마치고 휴식하신 안식일의 전야다. 그림자가 길어지자 로마 군인들이 마주보고 어떤 신호를 주고받는 것 같더니, 양쪽에 있는 두 사람의 다리를 부러뜨린다. 가운데 사람에게는 무언가 다른 조치를 취한다. 그는 꽤 오랫동안 미동이 없었다. 어쩌면 이미 죽었는지도 모른다. 그들은 그의 다리를 부러뜨리는 수고를 건너뛰고, 대신 그를 창으로 찔러 깊은 상처를 낸다. 여기서도 피가 보일 정도다. 피는 응고된 것 같다. 방금까지는 죽지 않았다 해도 지금은 확실히 죽었다. 흙에서 와서 흙으로 돌아가는 것이다. 우리 모두가 반드시 겪을 일이기도 하다. 그것에 대해 할 수 있는 일이 없다. 그 사람이 이리도 끔찍하게 세상을 떠나다니 참으로 애석하다.

십자가에서 죽어 가던 이가 누구였든 간에, 그는 확실하게 죽임을 당했다. 이 로마인들은 누군가를 확실히 죽이는 법을 잘 안다. 우리는 이제 다시는 그가 말하는 것을 듣지 못할 것이다. 그의 추종자들, 곧 착각에 빠진 바보들 역시 마찬가지다. 그들은 이 예수를 따르려고 모든 것을 버렸다고 말한다. 이제 그는 죽었는데, 얻은 것은 과연 무엇이란 말인가. 희망도 삶도 산산조각 났다. 돌아서려는 우리의 눈에, 그의 시신을 들고 저물어 가는 밤의 암흑 속으로 멀리 사라지는 가련한 작은 무리가 보인다.

2
부활하신 그리스도
환각인가 입증인가?

암울한 금요일에 일어났던 충격적인 장면 때문에 괴로웠으니, 우리는 예루살렘을 떠나 유대 산지로 가서 그 지역의 명소를 몇 군데 둘러본다. 그리고 며칠이 지나 다시 예루살렘으로 돌아온다. 이제 나사렛 예수라 불리던 그 사람이 죽은 지 일주일 정도 되었다. 성 안은 살짝 들떠 있는 것 같다. 예수가 결국은 죽지 않았다는 소문이 맹렬한 속도로 퍼져 나가고 있다. 그가 죽은 자 가운데서 다시 살아났다는 것이다. 사람들은 그 이야기에 몹시 열광한다. 물론 미신을 믿는 사람들에게서 많은 것을 기대하긴 어렵다. 그처럼 말도 안 되는 이야기를 믿다니 말이다. 여하튼 여기서는 모두가 부활이 있으리라고 기대하니, 이 사람이 다시 살아났다고 믿는 건 이들에게 어렵지도 않을 것이다.

하지만 다시 생각해 보면, 처음 생각했던 것만큼 이해하기 쉬운 일은 아니다. 설령 여기 사람들이 부활을 기대한다 하더라도 그 일은 역사의 맨 마지막에 일어날 것이다. 그런데도 이 사람들은 예수가 이곳 예루살렘에서 실제로 부활했다고 말하고 있지 않은가. 역사는 아직 끝나지 않았으며 삶도 계속되고 있다. 이건 일반적인 패턴에 전혀 들어맞지 않는다. 예상과 크게 동떨어진 일이다. 기존 신념들의 틀마저 깨 버렸다. 더군다나 이곳 사람들은 매우 보수적이라, 큰일은커녕 무엇에 관해서든 그들의 생각을 바꾸려면 실로 엄청난 것이 필요하다. 어쩌면 이 소문에 우리가 귀 기울일 만한 무언가가 있는 건 아닐까?

그러나 이 소문이 사실이라면 정치적인 폭탄 발언이나 다름없다. 사람들이 '유대인의 왕'이라 부른 그 사람이 정말로 죽은 자들 가운데서 살아 돌아왔다면 로마인들은 매우 골치가 아플 것이다. 그 때문에 반란이 일어날지도 모른다. 사람들은 하나님이 자기들 편에 서 계신다고, 누구도 자기들을 꺾지 못한다고 주장할 것이다. 그렇다면 로마 당국은 왜 이 소문들을 끝장내 버리지 않을까? 왜 그냥 이 사람 예수의 시신을 보여 주지 않을까? 그러면 이 이야기들의 신빙성이 근본적으로 사라질 뿐 아니라, 부활이라는 것에 대한 억측도 멈출 텐데 말이다.

어쨌든 이치에 맞지 않는 일이다. 죽은 사람은 다시 살아나지 않는다. 그런 일은 일어난 적이 없다. 이곳의 어떤 이들은 죽은 자들이 스올로 내려간다고 한다. 산 자들의 세상과는 전혀 다른, 음침한 구덩이 같은 그곳에서는 하나님과의 접촉을 완전히 잃어버린다고 한다. 또 어떤 이들은 역사의 마지막에 이르면 부활이 있을 것이고, 그때 죽은 자들이 영광스럽게 다시 살아날 것이라 한다. 하지만 그건 너무 먼 미래의 일 같다. 하나님이 어떤 놀라운 방식으로 '셋째 날에' 자기 백성을 회복하실 것이라는 불가사의한 언급도 있긴 하다. 그렇지만 누구도 그 말이 정확히 무슨 뜻인지 모르는 것 같다. 게다가 사두개인 같은 이들은 부활 따위는 없다고 확신한다. 그러니 예수의 죽음은 그저 나쁜 소식일 뿐이다. 예수가 대신해 죽은 바라바에겐 아니겠지만 말이다.

물론 이집트나 그리스 신화 속에도 신들이 죽었다 살아나는 이야기들이 있다. 아도니스는 야생 멧돼지를 사냥하다 잘못되어 죽을 운명에 처했지만 한 해의 여섯 달은 지하 세계에서 돌아오도록 허락받았다. 하지만 이 이야기는 예수에 대한 소문과는 닮은 점이 없다. 이집트 신들에 관한 이야기는 어차피 신화가 아니던가. 누구도 그런 일이 실제로 일어났다고는 믿지 않았다. 신화에는 그 사건이 **언제** 일어났으며, **어디서** 벌어졌는지, 그리고 **누가** 그걸 목격했는지가 전혀 나타나지 않는다. 그렇지만 저 사람들 가운데 몇몇은 예수가 바로 이곳 예루살렘에서 부활했다고 주장하고 있다. 게다가 자기들이 그 사실의 증인이라고 우기기까지 한다. 이 근방에서는 어떤 사건에 대해 증인이 두

명만 있어도 충분히 결론을 내릴 수 있다고 한다.[1] 그런데 이른바 이 부활 사건을 목격했다고 제각기 주장하는 사람이 여남은 명은 되어 보인다.

그렇지만 그들은 홍보에는 서툴렀던 것 같다. 듣자 하니 이 부활을 최초로 목격한 증인이 여자들이었다는데, 누가 여자의 증언을 가치 있다고 여기겠는가? 그들도 이 터무니없는 이야기를 지어내면서 그 점을 당연히 생각해 보았을 것이다. 이야기를 조금 고쳐 썼더라면 (많이는 아니어도) 약간은 더 믿을 만해졌을 텐데, 지금 이대로라면 상당히 믿기 어렵다. 왜 하필이면 여자들이 핵심 증인이란 말인가?

어쨌거나 부활은 도저히 일어날 수 없음을 모두가 안다. 죽은 자가 다시 살아나는 것을 본 사람이 없지 않은가. 우리가 부활한 또 다른 이들을 알고 있다면 사정이 달랐을 것이다. 이 남자들과 여자들이 전해 주는 이야기를 훨씬 더 쉽게 믿을 수 있었을 것이다. 무언가를 더 쉽게 받아들이도록 하는 데는 선례만 한 게 없으니 말이다. 죽은 자들이 사방에서 다시 살아나는 것을 보았다면 예수 또한 죽은 자 가운데서 다시 살아났다고 믿는 데 아무런 문제도 없을 것이다. 그렇지 않을까?

그러니까, 부활이라는 사건이 정기적으로 일어났다면 예수의 부활도 색다르지 않았을 것이다. 그의 부활은 자주 일어나는 일 가운데 하나, 그저 또 하나의 통계 자료일 뿐이다. 이럴 경우 저 바깥의 술렁임을 설명할 수 없을 것이다. 사람들은 이 사건이 유일무이하다고 믿는다. **참으로** 유일무이하다는 것은, 당연히 유사한 사건들이 존재하지 않는다는 뜻이다. 그렇다면 이 일은 훨씬 더 믿기 어려워지는 동시에 가치 있는 일이 된다. 이 일이 정말로 일어났다면, 상당히 놀랄 일이다. 예수가 부활했노라고 선포하며 돌아다니는 그의 추종자들 사이에 감도는 흥분을 확실히 설명해 줄 것이다.

이 사람들이 자기들의 예수가 죽은 자 가운데서 다시 살아날 거라고 기대해 왔다면, 우리가 부활의 소문을 일축해 버리기 쉬울 것이다. 하지만 그들은 분명히 그의 죽음에 심한 충격을 받았다. 그들은 예수가 십자가 위에서 죽음으로써 그의 삶과 자신들의 믿음 모두가 끝났다고 믿었던 것 같다. 예상 밖의 어떤 극적인 사건이 일어나리라고는 전혀 기대하지 않았다. 실제로, 그들은 애초에 무덤이 비어 있음을 받아들이는 것조차 어려워했다. 더욱이 그들이 예수가 죽은 자 가운데서 부활했음을 믿게 된 것은 빈 무덤 때문만은 아니다. 그들은 그를 보았다고 주장한다. 자기들이 그와 만났다고 말한다.

이런 것도 있다. 이곳 사람들은 죽은 영웅들을 성대하게 기리고 싶어 한다. 위대한 다윗 왕은 죽었지만, 그의 무덤은 매우 경건한 헌신이 깃든 예루살렘에 남아 있다. 사람들은 예언자들의 무덤에 가서 참배한다.[2] 그러나 예수가 살아 있을 때 그를 따르던 이 사람들에게는 그러한 기미조차 없다. 그의 무덤에 일말의 관심조차 없어 보이며, 오로지 부활한 예수에만 관심이 있다. 실제로 그들은 '그가 살아나셨다'는 말로 자신들이 전하는 좋은 소식을 요약한다.

물론 그들은 예수가 사람들을 죽은 자 가운데서 일으켰다고 말한다. 야이로의 딸에 관한 일화와,[3] 몇 주 동안이나 얘기가 끊이지 않았던 나사로 사건도 있었다.[4] 하지만 실제로는 생명이 일시적으로 회복되었을 뿐이다. 나사로는 다시 살아났지만 이는 그저 죽음이 연기된 것이다. 그러나 예수가 죽은 자 가운데서 부활했다는 이야기를 할 때, 그들은 마치 그가 다시는 죽지 않을 것이라 믿는 듯하다. 그들은 예수가 죽음을 정복했다고 말한다. 마치 십자가에서 죽은 것이 죽음 그 자체였다는 듯이 말이다.

여기서 끝이 아니다. 예수가 죽은 자 가운데서 부활했다고 해 보자. 그는 시간과 공간의 한계에서 자유로워졌을 것이다. 곧 누구나 언제든 그를 만날 수 있을 것이다. 볼일이 있어서 예루살렘에서 한참 떨어진 길을 걷다가도 그와 마주칠 수 있다. 더욱이 그와 마주칠 수 있는 사람은 이 1세기 전반에 유대에서 살아가는 사람들만이 아니다. 역사상 존재하는 누구나 그를 만날 것이다. 정말이지 믿기 힘든 일이다. 지금껏 살았던 누구보다도 이 사람이 역사에 큰 영향을 미쳤다는 사실이 분명하게 드러날 것이다. 무슨 일이 일어나는지 알아채기도 전에, 대도시 로마의 형성과 같은 더 중요한 사건 대신 그의 출생에서부터 역사의 연대가 시작될 테니 말이다.

그렇지만 당치도 않은 일이다. 단순히 잘못 이해했을 뿐이다. 귀 얇은 무식쟁이들이 병적인 망상에 속아 넘어간 것이다. 그것은 그저 희망 사항일 뿐인데 말이다. 이들은 예수라는 사람이 자기가 특별하다고 주장했으나 결국 처형된 사실을 감당할 수가 없는 것이다. 그는 확실히 죽었다. 로마인들이 확인했다. 그들은 그의 시신을 공개적으로 보여 줄 의무가 있다. 그러면 문제는 해결될 것이다.

그런데 다시 생각해 보니, 이들이 집단 망상에 빠졌다는 이론이 그다지 설득력 있어 보이지 않는다. 표현 자체가 완전히 잘못되었다. 이 사람들은 계속 "그가 우리에게 나타나셨다"고 말한다.[5] 이들은 자기들이 그의 현존을 단지 주관적이고 개인적으로 경험했다는 암시를 줄 법한 언어를 사용하지 않는다. 예수를 보는 사람이 아니라, 예수가 제자들에게 자신을 알린다는 사실에 강조점이 있다. 그들은 계속해서 부활의 객관적인 성질을 강조한다. 그것은 그들의 머릿속에서 벌어진 일이 아니라 현실 속에서 일어난 일이다.

이 사람들은 예수가 다시 살아났다고 생각하게 하는 어떤 것을 보았다. 환각이라면 도무지 말이 안 된다. 분명 그들은 예수를 보았고 그 모습을 알아볼 수 있었다. 예수가 애초에 진짜로 죽은 게 아니었다는 설명이 가장 깔끔할 것이다. 어쩌면 그의 십자가형은 실패로 끝난 일이었는지도 모른다. 그건 확실히 꽤 드문 일이긴 하다. 로마인들은 일반적으로 처형 방식에 세심한 주의를 기울였다. 그들은 죄수들이 가능한 한 많은 고통을 겪도록 한 뒤, 날이 저물 때까지는 반드시 죽음에 이르게 했다. 게다가 이 사람은 특별하게 관리되었을 것이다. 사람들이 그에 대해 했던 주장들을 생각해 보라. 그를 제대로 죽이지 못한다면 화를 면치 못할 것이다.

가장 그럴싸한 설명은 예수가 십자가에서 기절했다는 것이다. 날이 매우 뜨거웠고, 그는 십자가형의 고통으로 인해 탈진했다. 그 모든 압박을 못 이겨 그가 기절했다면 이해가 된다. 사형 집행인들은 그저 그가 죽었다고 짐작하고는 제대로 확인하지 않았을 것이다. 그리고 그가 죽었다고 생각하면서 아직 살아 있는 그를 매장했을 것이다.

다음에 무슨 일이 일어났을지는 쉽게 추정할 수 있다. 그는 서늘한 무덤 속에 안치되었을 것이다. 방부 처리용 향료 때문에 깨어났을지도 모른다. 여하튼 그는 의식을 되찾아 무덤을 떠났고, 사람들은 그가 다시 살아났다고 생각했을 것이다. 그가 추종자들에게 나타났다는 제보가 지속적으로 들어오는 것으로 보아, 분명 **무언가** 근거가 있음에 틀림없다. 일리 있는 추론이다.

하지만 생각해 보라. 남의 말을 엄청나게 잘 믿는 사람이나 그가 죽은 자 가운데서 다시 살아났다고 여길 것이다. 어떻게 십자가형을 당해 반쯤 죽은 사람을 보고 그가 죽은 자 가운데서 돌아왔다고 생각할 수 있을까? 며칠 동안 먹지 못한 데다 온몸에 상처가 나서 피를 엄청나게 흘린 사람이 어떻게 죽음의 정복자 행세를 할 수 있을까? 그는 자신이 인류 최후의 적을 무찔렀다고 사람들을 납득시키기는커녕 한 발짝 제대로 내딛지도 못했을 것이다. 상상력을 극한까지 펼쳐야 겨우 이해할 수 있다. 그는 얼마 지나지 않아 지쳐 죽었을 것이며, 자신이 죽음을 이겼다고 주장했지만 실제로는 죽음에 패한 희생자가 되었을 것이다. 그의 말을 믿을 만큼 바보 같은 사람은 없을 것이다. 누구도 그런 사람을 경배하고 싶지 않을 것이다. 예수가 단순히 죽음을 늦춘 것이 아니라 실제로 죽은 자 가운데서 다시 살아났다는 것을 사람들에게 납득시키려면, 그에게 무언가 놀랄 만한 것이 있어야만 한다.

어쩌면 무덤과 관련해 어떤 혼동이 빚어졌는지도 모른다. 사람들이 예수가 매장된 곳을 헷갈렸을 수도 있다. 어쨌든, 누군가 예수를 그 무덤에서 옮겨다 좀더 격조 높은 곳에 장사 지내야겠다고 결심했을 가능성이 상당히 높다.[6] 그러나 이는 이 사람들의 변화를 제대로 설명하지 못한다. 예수가 재판을 받고 처형당할 때, 그들은 단지 움츠린 패배자 무리에 지나지 않았다.

누구나 알고 있는 바다. 그중 주도적인 역할을 했던 인물은 자신이 예수와 관련이 있음을 공개적으로 부인하기까지 했다. 그런데 지금 그들은 자신감이 넘쳐 보인다. 그들은 변했다. 이것을 어떻게 설명할 수 있을까? 하지만 시간이 흐르면 결국 이 이야기는 끝날 것이다. 지어낸 이야기가 오래 지속될 수는 없으니 말이다. 몇 달만 지나도 그들은 부활한 예수를 본 척하는 일에 싫증이 날 것이다. 그러면 움직임이 잦아들 것이다.

그런데 그것이 사실이라면? 예수가 실제로 부활했다면, 그 일은 우리의 세계와 사고방식을 온통 뒤집어 놓지 않을까? 어떤 신화적 인물이 아니라 실재하고 살아 있는 누군가가 마침내 죽음의 사슬을 끊어 냈다면? 누군가가 스올에 갔다 되돌아왔다면? 이 모든 일이 사실이라면, 과연 무슨 의미를 담고 있을까?

하나님이 '셋째 날에' 놀라운 방식으로 행동하신다는 말을 살펴보자. 하나님은 아브라함에게 아들을 희생 제물로 바치라고 하셨지만, 셋째 날에 그의 아들을 대신할 제물을 마련함으로써 그 아들을 살리지 않으셨던가?[7] 여호수아가 이스라엘 백성을 약속의 땅으로 인도한 날은 셋째 날이 아니었던가? 이것은 하나님 백성의 역사 속에서 힘찬 새 시기를 알리는 동시에 오랜 약속을 성취한 신호가 아니었던가?[8] 그리고 하나님이 셋째 날에 자기 백성을 회복시키고 일으키겠다고 맹세하신 신비로운 예언적 약속 또한 있지 않았던가?[9] 예수의 부활은 하나님의 위대한 구원 행위일 수도 있지 않을까?

예수가 십자가에 달려 죽은 것에 대해서도 생각해 보자. 사람들은 그가 하나님의 저주를 받아 죽은 것이라고 했다.[10] 하지만 하나님이 예수를 죽은 자 가운데서 일으키셨다면, 그런 판단을 뒤집어엎으신 게 아닐까? 그분이 예수를 공식적으로 지지하시는 게 아닐까? 어쩌면 하나님은 예수가 말하고 행한 모든 것을 승인하고 계셨던 걸까? 예수는 부활로 인해 확실히 하나님과 유일무이한 관계를 맺은 셈이다. 지금껏 이토록 높임받은 사람은 없다.[11] 예수는 세상이 볼 때 영광의 자리로 올려진 사람이라는 새로운 지위를 부여받은 셈이다. 그러니 십자가에서 일어난 일의 전체적인 의미가 완전히 재고되어야 한다. 사람들은 십자가형이 예수에 대한 하나님의 정죄를 의미한다고 했지만 부활이라는 사건을 보면 그 견해는 순식간에 퇴색한다. 그렇다면 십자가의 의미는 과연 무엇일까? 우리는 앞으로 이 십자가와 지난하게 씨름하면서 아주 흥미진진한 결과를 발견할 것이다.

이제 부활은 예수의 정체에 관해 무언가를 알려 줄 것이다. 사람들은 부활이 역사의 종말에 일어날 것이라 기대했다. 그때에 죽은 자들이 일으켜져 하나님께 심판을 받고, 마침내 하나님의 영광이 드러날 것이다.[12] 하지만 예수의 부활은 마지막 때에서 우리의 역사 속으로 옮겨졌다. 그것은 바로 지금 일어난 일이다. 그리고 그 일은 세상의 심판과 하나님의 영광의 계시 같은 다른 일들 역시 일어나고 있음을 의미하는 게 틀림없다. 부활이, 혹은 부활하신 그리스도마저도 우리를 심판하는 것일까? 예수의 부활에서 하나님의 영광이 드러나는 것일까? 그렇다면 이는 예수와 하나님이, 말하자면 동일한 수준임을 의미한다. 또한 예수가 우리를 구원하고 심판하며 거룩한 영광을 드러내는 일, 곧 하나님만이 하실 수 있는 일들을 하고 있었다는 뜻이다.

하지만 사람들 말에 의하면 이것들은 정확히 예수가 죽기 전에도 하던 일이었다. 예수는 자신이 사람의 죄를 용서한다고 주장했다는데, 그것은 하나님만이 하실 수 있는 일 아닌가. 어쩌면 부활은 그가 그 일을 하기로 되어 있었음을 우리에게 전하고 있는지도 모른다. 우리는 어쩌면 예수의 이야기를 부활에 비추어 처음부터 다시 읽어야 하는지도 모른다.

게다가 세례 요한이 자기가 주의 길을 예비하러 왔다고 말한 적도 있다.[13] 이 말을 듣고 모두가 몹시 들떴다. 사람들은 예언을 알고 있었고 하나님이 언제쯤 자기 백성을 찾아와 구속하실지 주시하고 있었다. 그때 예수가 갑자기 무대에 등장한다. 요한은 이를 예상하고 있었던 것 같다. 예수에게 세례를 주기 전에 주저한 것을 보면, 그는 예수에 대해 무언가를 알고 있었던 듯하다. 이 점이 아주 중요한 것 같다. 그는 예수가 세례받을 **필요**가 없음을 알고 있는 것 같았다. 그에게는 씻어 낼 죄가 없어 보였다. 어떤 사람이 다른 누군가에게 세례를 주어야 한다면, 요한이야말로 예수에게 세례를 받아야 하는 사람이었다.[14] 예수가 자기에게는 죄를 용서할 권위가 있다고 주장하는 놀라운 장면도 있다.[15] 당시 그 말로 인해 사람들은 격분했다. 하나님만이 죄를 용서하실 수 있음을 예수 자신을 포함해 모두가 알고 있었기 때문이다. 십자가 사건 이후 그 주장은 터무니없어 보였고 심지어 신성모독 같기도 했다. 그러나 이제 부활 이후에 그 모든 일은 새롭게 이해되어야 한다. 착각과 극도의 자기중심주의에 빠진 인물인 줄 알았던 그 사람이, 이제 최고의 권위로 정당성을 입증받은 것이다!

예수가 인간에 불과했다면 어처구니없어 보였을 일이, 그가 정말 하나님이라면 완벽하게 맞아떨어진다. 예수는 자신의 말과 행동으로 하나님이 자신 안에서 일하고 계신다는 믿음을, 그리고 그 이상을 표현했던 것 같다. 예수는 자신이 하나님같이 행동하고 말할 권한을 갖고 있다는 인상을 주었다.[16] 그는 마치 부활의 판결, 곧 그에게 이런 식으로 말하고 행동할 **권한이 있다**는 판결을 예견했던 것처럼 보인다. 사람들이 그의 가르침에 권위가 있다고 하지 않았는가?[17]

이것이 사실이라고 해 보자. 그러면 하나님에 대해, 예수나 우리 자신에 대해 우리는 무엇을 알 수 있을까? 예수가 하나님이라면, 우리에게 주어진 모든 것을 월등히 뛰어넘는 하나님의 계시가 지금 우리에게 주어졌다는 뜻이다. 예수가 오기 전에 하

하나님은 우리에게 온갖 방법으로 말씀하실 수 있었다. 이를테면 그의 백성 이스라엘의 역사를 통해서나, 그의 종 모세와 훌륭한 예언자들을 통해 그리하셨듯 말이다. 하지만 그 모두는 간접적인 방식이었다. 하나님이 어떤 분이신지 다른 사람들이 우리에게 전해 주는 식이었다. 하나님이 우리가 무엇을 행하고 믿기 원하시는지, 다른 이들이 우리에게 말해 주었다. 하나님이 친히 자기 백성 가운데로 오셔서 자신에 관해 직접적으로 이야기하시는 형태가 아니었다. 그가 만일 그렇게 하시려고 했다면 아마 사람의 모습으로 하시지 않을까? 다른 방식으로는 우리와 이야기할 수 없을 테니 말이다.

예수가 하나님이라면, 하나님이 우리에게 직접 말씀하셨다는 의미다. 곧 하나님과 우리 사이의 큰 간극이 메워졌음을 뜻한다. 우리는 하나님을 찾기 위해 영적인 사다리 같은 것을 기어 올라갈 필요가 없다. 우리가 있는 곳에서 우리를 만나기 위해 그가 내려오셨기 때문이다. 그리고 그는 우리를 그곳에 버려두지 않으시고 저 사다리 위로 다시 데려가신다. 하나님은 우리에게 몸소 말씀하시려고 우리의 수준으로 내려오셨다. 우리는 예수가 하나님에 관해서 전해 준 이야기를 참으로 신뢰할 수 있을 것이다. 역사상 다른 누구에게도 허락되지 않은 내밀한 지식이 그에게만 허락되었기 때문이다.

또한 하나님이 멀리 떨어진 어떤 존재라는 개념도 버려야 한다. 우리는 늘 하나님이 자신의 피조물에게 무관심하시다고 생각했지만, 예수가 하나님이라면 그런 생각을 완전히 고쳐먹어야 할 것이다. 자신의 피조물 안으로 들어오기로 결심한 창조주라니, 얼마나 큰 겸손의 표현인가! 마치 로마 황제가 자신의 궁전과 좋은 음식을 제쳐 두고 유대 빈민가에서 두어 해를 사는 것이나 마찬가지다.

또한 이 일로 인해 우리는 이전에 가능하지 않던 방식으로 마음속에 하나님을 그리기 시작할 수 있게 되었다. 우리는 하나님에 대해 우리가 기억할 수 있는 방식으로 자신 있게 이야기할 수 있다. 하나님에 대해 이야기할 때 무슨 말을 해야 할지 몰라 당혹스러웠던 시절은 더 이상 없을 것이다. 우리는 이 사람 예수를 가리키며 "하나님은 저런 분이다"라고 말할 수 있다. 사람들은 하나님의 사랑에 대해 이야기하기가 늘 너무 어렵다고 여겨 왔고, 결국 형용할 수 없다는 정도로 표현하고 만다. 그 말은 맞을지도 모르지만, 그 사랑에 대한 묘사를 원하는 이에게는 별로 도움이 되지 않는다. 하지만 이제 우리는 그 사랑을 효과적으로 표현할 수 있다. 우리는 하나님의 사랑이 친구를 살리기 위해 자기 목숨을 기꺼이 포기하는 사람의 사랑과 같다고 말할 수 있을 것이다.[18] 우리는 그렇게 말할 권한을 부여받았다! 하나님이 이렇게 말씀하시는 것이나 다름없다. "나는 네가 나에 대해 이렇게 이야기하길 바란다. 예수를 보거라. **나는** 저와 같다!"

2. 부활하신 그리스도

물론 회의론자들은 이 관점을 썩 달가워하지 않을 것이다. 그들은 "하나님은 인간이 되실 수 없다"고, "교과서에 나오지 않는 이야기"라고 말할 것이다. 하지만 교과서야 다시 쓰면 된다. 그들은 또한 자기 백성의 고통에 함께하는 하나님에게는 위엄이 없다고 말할 것이다. 우리는 그 견해에도 역시 도전해야 한다. 이들은 대체 어디에서 이런 견해들을 끌어오는가?[19] 누가 하나님이 고통을 겪으실 수 없다고 말하는가? 예수가 고통당했다면 하나님도 고통당하셨다. 그리고 그것은 또 다른 이야기다. 고통당하는 게 어떤 것인지 하나님이 직접적으로 아신다면, 우리가 고통스러울 때 그분에게 기도하기가 훨씬 더 쉬워질 것이다. 그렇지 않을까? 우리는 인간의 고통이 어떤 것인지 그에게 설명하지 않아도 될 것이다. 친구들에게 배신당하는 것이나, 상황이 힘들 때 버림받는 것이 어떤 느낌인지도 말이다. 하나님은 이미 알고 계신다. 그는 우리가 있기 전에도 늘 이러하셨다. 우리는 하나님이 알고 이해하신다는 것을 확실히 아는 상태에서 그에게 의지할 수 있다. 이로써 기도가 달라진다.

우리는 어떨까? 우리의 처지는 어떨까? 우리 모두는 언젠가 죽는다. 모든 것이 무의미해 보인다. 우리는 삶의 목적으로 삼은 어떤 것도 취할 수 없을 것이다. 전부 시간 낭비처럼 보일 지경이다. 구약 시대에 살았던 사람들은 우리가 사는 동안에는 하나님을 알 수 있지만, 죽은 뒤에는 외딴 구덩이 속으로 사라져서 다시는 그를 경험하지 못할 것이라고 말했다. 모든 게 너무나 절망적이고 암울해 보인다. 사람들이 죽음이라는 개념을 썩 좋아하지 않는 것도 놀랍지 않다.

사실 예수의 십자가형은 세상의 모든 오류를 압축해 보여 주는 듯하다. 정의란 없는 것 같다. 어째서 예수처럼 훌륭한 사람이 처형당해야만 할까? 그런 이들이 죽임을 당한다면, 우리 같은 나머지 사람들에게는 어떤 희망이 있을까? 게다가 로마인들이 예수를 처형한 소름끼치는 방식은 인간 본성의 표면 바로 아래 도사리고 있는 가학성을 바닥까지 드러내 보여 준다. 살아 **마땅한** 단 한 사람 예수의 처형은 세상의 모든 오류를 집약한 상징처럼 서 있는 것 같다. 십자가는 그 자체로는 절망과 희망 없음의 상징일 뿐이다.

그러나 예수가 죽은 자 가운데서 부활했다면, 이 절망의 상징은 희망의 상징이 된다. 십자가는 모든 것이 상실되고 회복 불가능해 보이는 세상의 가장 어두운 순간 속에서 피어오르는 희망을 의미할 것이다. 절망의 저편에서 태어나는 기쁨을 상징할 것이다. 또한 십자가는 희망의 근거를 우리의 인간적 자원에 두는 것이 부질없음을 드러낼 것이다. 부활은 하나님이 아무도 희망을 찾을 수 없는 곳에서 희망의 불씨를 틔우시는 분임을 보여 줄 것이다. 더구나 그 희망은 대담하게 말하지만 근거는 없는, 경건한 체하는 감상 따위가 아니다. 오히려 빈틈없는 사실주의다.

그것은 그 십자가 죽음의 목격자들 사이에서 차츰 선명해진 어떤 강력한 흥분에 근거하고 있다. 그들 앞에서 죽임당했던 그는 더 이상 죽은 자가 아니었다. 죽음은 패배하고, 인간 역사에 새로운 시기가 열릴 것이다. 어쩌면 텅 빈 십자가는 나란히 놓인 이 신성한 절망과 희망을 상징할 수 있지 않을까?

사실이라면 참으로 놀라운 일이다. 하나님이 우리처럼 되셔서 우리의 인간적인 이야기를 공유하신다는 생각은 그 자체만으로도 말로 표현할 수 없을 만큼 경이롭다. 이 일은 우리가 하나님에 대해 생각하는 방식을 바꾸고, 이 가망 없고 정신 나간 세상에서 사는 동안 우리가 믿고 바라야 할 새로운 이유들을 줌으로써 우리의 삶을 바꿀 것이다. 하지만 이게 사실일 리 없다. 몽상은 여기까지다. 지금 당장이라도 로마 당국이 예수의 시신을 내보인다면, 이 모든 추측은 사그라질 것이며 우리는 더 이상 이 사람에 대해 듣지 못할 것이다. 하나님과 우리 자신에 대한 저 생각들은? 그저 세상의 어둔 밤에 도래한 또 하나의 가짜 새벽일 뿐이었다. 슬프지만, 결코 희망 사항 이상은 될 수 없다. 애석한 일이다. 적어도 그 생각들이 지속되는 동안만은 정말 흥미진진했다. 이제 우리는 나사렛 예수라는 사람의 시신이 공개되기를 침울한 마음으로 기다리고 또 기다린다.

기다림이 며칠째 이어지고 있다. 흥분이 고조되어 가고 있다. 십자가에 달려 죽은 예수의 시신을 내보이는 단 하나의 행동으로 로마 당국은 부활 소문의 신빙성을 완벽히 제거할 수 있다. 그러나 당혹스럽게도 그런 일이 일어나지 않는다. 사람들은 이제 알아채고 있다. 부활로 인해 모든 것이 변하고 있기 때문이다. 예수가 정말로 죽은 자 가운데서 다시 살아났다면, 아마 우리 모두에게도 희망이 있을 것이다. 그는 우리가 따라 여행할 수 있도록 작은 길을 터 주는 개척자인지도 모른다. 우리가 새롭고 경이로운 것에 순조롭게 가 닿을 수 있도록, 그가 어떤 장벽을 무너뜨린 것 같다.

하지만 어떻게? 그가 이룬 일에 우리가 어떻게 연결될 수 있을까? 죽음에서의 부활이라는 이 희망에 어떻게 참여할 수 있을까? 현재의 삶에서 하나님을 알게 된 우리가 이후에도 그 관계를 지속할 수 있을까? 우리는 그 무엇이 깨뜨리거나 파괴할 수 없는 어떤 것, 곧 우리가 붙잡을 수 있는 어떤 일을 시작한 것이나 다름없다. 그런데 죽음의 권세가 깨어졌다면 다른 모든 숙적들은 어떻게 되었을까? 우리를 함정에 빠뜨리며 잔인한 손아귀로 움켜잡고 있는, 우리 스스로는 벗어날 수 없는 죄는 어떻게 되었을까? 나사렛 예수의 죽음을 지켜보던 이들은 알아채거나 의심하지 못했지만, 저 십자가 위에서 아주 의미심장한 일이 진행되고 있었을 것이다. 그리고 이것은 앞으로 일어날 아주 큰 어떤 일의 시작일 수 있다.

3
십자가와 부활의 참 의미
어떤 것들은 보이는 것 이상이다

기독교는 예수 그리스도가 실제로 죽었으며 실제로 부활했다고 단언한다. 이것은 결코 희망 사항이 아니라 엄연한 역사적 사실이다. 그 사건들이 일어나지 않았다면 기독교의 신뢰성은 무너지고 만다. 그렇지만 복음은 단순히 역사적 사실들을 선포하는 것 이상이다. 복음은 십자가 죽음과 부활이라는 **사건** 자체라기보다는, 기독교 신앙의 중심에 놓인 그 사건들의 **의미**다. 예수가 죽은 것은 역사이지만, 예수가 **우리 죄를 위해** 죽은 것은 복음이다.[1]

로마 역사의 한 사건을 살펴보면서 이에 관해 탐구해 보자. 그리스도가 출생하기 마흔아홉 해 전, 율리우스 카이사르(Julius Caesar)는 현재의 프랑스에서 남쪽으로 군대를 이끌었다. 어느 지점에 이르자 그들은 루비콘이라는 강을 건너야 했다. 강을 건너는 일은 특별히 어렵지도 않았고 어떤 영웅적 행동도 필요하지 않았다. 미국의 개척자들이 서쪽으로 이동해 가며 마주친 것처럼 폭이 넓고 사나운 급류를 건너는 것과도 달랐다. 루비콘 강을 건너는 행위 자체에는 역사적인 중요성이 없었다. 그런데 그 강은 하필이면 로마 원로원에서 직접 통치하는 영토의 경계였다. 결과적으로 이 국경선을 건너는 것은 로마에 대한 카이사르의 선전 포고나 다름없었다. 역사상 가장 유명한 내전 중 하나가 그야말로 하찮아 보이는 사건 하나로 일어난 것이다.

당시의 사정에 밝은 사람만이 카이사르가 한 일의 함의를 충분히 이해할 것이다. 그렇지 않은 사람들은 그저 작은 부대 하나가 별 의미 없는 강을 건넌다고 인식했을 것이다. 사람들은 매일 강을 건넌다. 강을 건너는 이들이 군대라 해서 특별할 것도 없다. 이런 활동은 군사 훈련에서도 필수적인 부분이기 때문이다.

따라서 우리는 그저 무슨 일이 일어났는지뿐만 아니라 그 사건이 어떻게 해석되어야 하는지를 확인해야 한다. 루비콘 강을 건너는 카이사르를 이야기하든 십자가에 달려 죽었다가 죽은 자 가운데서 다시 살아난 예수를 이야기하든, 원리는 동일하다. 그 사건의 역사적 의미가 결정되어야 한다. 신약성경, 특히 바울의 글에서 의미를 결정하는 이 과정이 잘 나타난다.

우선, 사도들의 초기 설교는 예수가 부활했다는 단순한 주제로 가득하다. 십자가에 달려 죽으신 그분이 죽은 자 가운데서 다시 살아나셨다. 사도행전의 초기 설교들에는 이 인식에서 비롯된 순전한 기쁨이 두드러지게 나타난다. 하지만 점차 지속적인 성찰이 일어나기 시작한다. 부활의 또 다른 의미는 무엇일까? 부활에 비추어 볼 때 십자가를 어떻게 이해해야 할까? 예수가 하나님의 정죄를 받아 죽었다는, 십자가에 대한 하나의 직접적인 해석은 부활로 인해 그 신빙성을 완전히 상실했다. 부활은 예수를 반대한 자들의 심판을 정반대로 뒤집어 놓았다. 그렇다면 부활이 일어남으로써 예수에 관해 어떤 새로운 통찰들이 가능해졌을까?

다음으로 넘어가기 전에 몇 가지만 추려 보자.[2] 첫째, 부활은 십자가에 달려 죽었던 사람 예수가 주님임을 입증했다. "그런즉 이스라엘 온 집은 확실히 알지니 너희가 십자가에 못 박은 이 예수를 하나님이 주와 그리스도가 되게 하셨느니라"(행 2:36). '주'(Lord)라는 단어는 굉장히 중요하다. 우선 그것은 권위와 주권의 개념을 가리킨다. 부활은 권위, 곧 예수의 사역 가운데 존재했으나 공적으로 인정받지는 못했던 것을 그에게 부여한다. 예수의 정체와 권위의 비밀은 이제 공개적으로 드러났다. 부활은 예수에게 하나님으로서 행동하고 말할 권한이 있다고 선포하며, 이로써 그가 자신의 사역 중에 했던 권위에 대한 주장들을 소급하여 승인한다. 다시 말해, 일례로 (하나님만이 죄를 용서하실 수 있으므로!) 마땅히 청중에게 상당한 불쾌감을 불러일으켰던, 죄를 사할 수 있다는 예수의 주장은[3] 당시에는 온전히 인식되지는 못했지만 단단한 토대에 기초하고 있었던 것으로 보인다.

그렇다면 예수는 누구였을까? 부활로 인해, 예수를 단순히 훌륭한 종교 선생으로 이해하려는 모든 시도는 피상적이고 부적절한 것으로 드러난다. 여기 하나님처럼 행동하고 하나님처럼 말하며 하나님을 대신하고 드러내는 이가 있다. "나를 본 자는 아버지를"(요 14:9) 보았다. 신약성경은 예수를 하나님의 아들이라 칭함으로써 이 기막힌 통찰을 요약해 낸다. 바울의 말처럼, 예수는 "죽은 자들 가운데서 부활하사 능력으로 하나님의 아들로 선포"(롬 1:4)되셨다. 신약성경에서는 아버지와 아들이라는 이미지로 하나님과 예수 그리스도를 나타내는데, 이는 대단히 중요하다. 그것은 예수와 하나님 두 분 모두 신성을 지녔음을 선포하는 동시에 예수를 하나님과 **구별하려는** 시도다. 부활은 신약성경과 기독교 신앙의 가장 짜릿한 주제 중 하나인 그리스도의 신성을 입증한다. 그리스도의 신성에 대한 이 통찰은 종종 '성육신 교리'의 관점에서 서술된다. 즉 하나님이 예수 그리스도 안에서 우리 중 하나, 바로 인간이 되셨다는 교리다.[4]

예수가 **정말** 하나님이라면 우리는 하나님에 관해 몇 가지 주목할 만한 통찰을 얻을 수 있는데, 각각 그 자체만으로도 책을 한 권 쓸 수 있을 정도다. 다음으로 넘어가기 전에 그중 두 가지를 검토해 볼 수 있겠다. 첫째, 잘 알려진 대로 하나님에 대해 말하기란 어렵다. 우리가 그를 상상하기 어렵다고 느끼는 것이 부분적인 이유다. '하나님'은 추상적인 관념에 지나지 않는 경우가 허다하다. 하지만 예수가 하나님이라면, 우리에게는 갑자기 이제껏 세상에 알려진 그 어떤 것보다 좋은 시각 자료가 주어지는 셈이다. 예수는 하나님이 잘 활용하라고 우리에게 주신 시각 자료다. 예수를 본 것은 아버지를 본 것이다.

신약성경은 하나님의 사랑이 그리스도의 죽음에서 드러난다고 선언한다. 아주 놀라운 통찰이자 복음 전도의 필수 자원이며, 기독교회의 가장 소중한 자산이다. 그런데 이는 그리스도의 신성에 기초한다. 예수 그리스도가 하나님이 아니라 그저 평범한 사람이라고 생각해 보자. 그리 되면 십자가가 보여 주는 것은 한 인간의 이타적 사랑이다. 신적인 것이 아닌 인간적인 사랑이다. 그러나 십자가가 보여 주는 것은 우리를 향한 하나님의 사랑이다. 우리를 위해 십자가로 향한 이는 다름 아닌 하나님의 아들이기 때문이다. 그리스도의 신성을 보지 못하면 십자가의 온전한 의미가 희석되고 만다. 반쪽짜리 구원자만이 남게 될 것이다.

성육신 교리에는 하나님의 사랑뿐 아니라 그분의 **겸손**이 감동적으로 드러나 있다. 세계의 창조주가 최고 권좌에 앉은 로마 황제가 아니라 제국의 아득한 변방 어딘가에서 비천하게 태어난 아이가 되어 자신의 세계 안으로 들어오기로 결심하셨다.

하나님은 우리가 있는 곳에서 우리를 만나기 위해 몸을 굽혀 스스로를 낮추셨다. 그러니 우리가 그분을 만나려면 스스로 낮아져야 한다.

이렇게 십자가 죽음과 부활이라는 사건은 우리에게 하나님의 본성에 관해 이야기해 준다. 그러나 그뿐만이 아니다. 사도행전의 처음 설교들이 주로 부활의 **실재성**을 선포한다면, 좀더 뒤의 글들은 주로 십자가의 **의미**를 반추한다. 예수 그리스도는 우리를 위해, 그리고 우리의 구원을 위해 부활하셨다. 십자가 죽음과 부활은 결코 분리될 수 없기 때문이다. 부활로 인해, 사람들이 십자가에 못 박은 사람의 정체에 관한 비밀의 장벽이 무너진다. 바로 하나님의 아들이 갈보리에서 고통당하고 죽었다는 것이다. 세상은 왜 여기에 귀를 기울여야 할까? 그리고 어떻게 여기서 유익을 얻을 수 있을까?

이 문제들은 기독교 신학이 씨름해야 할 가장 중요하고도 핵심적인 것이다. 부활은 우리에게 예수가 하나님임을 보여 준다. 십자가에서 죽은 사람의 정체를 말해 준다. 그가 결코 평범한 사람이 아니며 육신을 입은 하나님임을 명확하게 밝힌다. 이제 십자가에 달려 죽어 가는 사람이 누구인지 안다면, 갈보리 십자가 사건은 어떤 새로운 통찰을 줄까? 십자가는 어떻게 변화를 일으킬 수 있을까?

삶을 변화시키는 십자가

신학 교과서가 세상에서 가장 따분한 책으로 꼽히는 이유는 무엇일까? 대학교에서 신학을 가르치는 나는 이 질문을 받으면 정말 몸 둘 바를 모를 때가 많다. 나는 "기독교가 그렇게 훌륭하다면, 기독교 사상가들은 어떻게 그것을 이리도 따분하고 재미없게 만들까?"라는 질문을 던지곤 하는데, 나 자신도 결코 예외는 아니다.

한 가지 답을 하자면, 교과서를 집필하는 사람들이 그리스도인의 일상적인 삶이나 예배와 거의 관련이 없는 경우가 많기 때문이다. 그 때문에 그들은 기독교적 삶의 원동력인 생동감으로부터 단절된다. 그런데 또 다른 원인도 있는 것 같다. 기독교가 이론적으로 표현될 때가 너무도 많다는 것이다. 마치 학계 사람들만 흥미를 느끼는 어떤 철학처럼 취급된다.

그럼에도 기독교가 지속되는 이유는 사람들의 삶을 변화시키는 능력이 그 안에 있기 때문이다. 그리스도로 인해 사람들이 변화되는 모습을 볼 때 우리는 십자가의 의미를 알고 싶어진다. 신학자들은 십자가가 어떻게 그리고 왜 사람들을 그렇게나 힘 있게 변화시키는지 설명하고자 십자가에 대한 이론들을 발전시킨다.

그리스도의 십자가와 부활이 사람들에게 미치는 영향을 열

거하고 있는 책이 바로 신약성경이다. 베드로, 마리아, 바울은 이 사건으로 돌이킬 수 없을 만큼 삶이 송두리째 바뀐 사람들이다. 기독교 역사를 훑어보면 목록은 엄청나게 길어질 것이고, 우리 같은 사람들도 그 안에 포함된다. 우리는 갈보리에 있지 않았다. 우리는 그곳에서 일어난 일을 오직 믿음을 통해 알 뿐이다. 그럼에도 십자가는 우리의 삶을 완전히 바꾸어 놓았다. 어떻게 이런 일이 일어날 수 있을까? 사람들에게 이렇게 큰 영향을 미치는, 예수의 십자가와 부활 안에 있는 자원과 잠재력은 과연 무엇일까? 단순화하는 건 위험하지만, 복음서들이 주로 예수가 사람들에게 미친 영향에 관해 이야기하는 데 관심이 있는 반면 바울 서신들은 그가 **어떻게** 그러한 영향을 미칠 수 있는지 설명하는 데 더욱 관심이 있다는 간단한 제언에는 일리가 있다. 복음서는 사실들에 관한 것이고, 바울 서신은 그 사실들을 설명하는 이론을 제공한다.

거의 모든 신학 교과서에 십자가를 어떻게 이해해야 하는지가 서술되어 있는데, 대체로 '속죄론'이라는 좀 어설픈 어구로 표현된다. 나는 이 말이 완전히 없어졌으면 좋겠다고 생각할 때가 많은데, 두 가지 이유에서다. 첫째, '속죄'(atonement)라는 단어는 일상 언어에서 그 의미를 상실했다. 이제는 어색하고 낡은 말로 들린다. 이 단어를 들으면 사람들은 멍하니 쳐다보거나 이맛살을 찌푸리고 만다. 옛날 옛적에는 무슨 뜻이 있었겠지만 이제 이 단어는 그저 사람들을 어리둥절하게 만들 뿐이다. 우리가 십자가의 의미를 전달하려 한다면, 대부분의 사람들에게 의미를 상실해 버린 단어를 굳이 사용할 필요가 없다.

두 번째 이유는 '이론'이라는 단어와 관련이 있다. 그 단어를 보면, 하나님이 그리스도의 십자가를 통해 정확히 어떻게 우리를 구속하시는지 우리가 알아야 할 모든 것을 하나하나 자세히 설명할 것 같다. 하지만 신약성경은 그렇게 하지 않는다. 신약성경은 구속이 이루어지는 세부적이고 복잡한 방법에 관심을 두지 않고, 실제로 그리스도가 우리를 위하여 죽으시고 부활하심으로 성취한 것에 관한 일련의 이미지를 보여 준다. 신약성경에는 십자가와 부활이 우리를 변화시킬 힘이 있다는 사실의 선포와 더불어 우리가 이 잠재력을 구체화할 수 있는 방법을 가르쳐 주는 훌륭한 묘사들이 가득하다.

신약성경은 기본적으로 다음 여섯 가지를 보여 준다.

1. 예수 그리스도의 십자가와 부활을 통해 무언가 새로운 것이 발생했다고 진술한다.

2. 십자가를 통해 어떤 객관적인 일이 일어났다고 선언한다. 하나님이 우리와 관계 맺는 방식이 극적으로 바뀌었다.

3. 십자가가 우리를 완전히 변화시킬 수 있다고 확언한다.

4. 십자가를 통해 맺게 되는 하나님과의 새로운 관계에 대해 도움이 될 만한 생각들을 제시한다.

5. 우리가 십자가를 통해 변화되려면 무엇을 해야 하는지 말해 준다.

6. 우리가 이렇게 변화되었을 때 도래하는 새로운 삶과 새로운 생활 방식을 안내한다.

신학자라면 신약성경에 담긴 함축적 의미를 충분히 생각하려 애쓸 수 있다. 나는 마땅히 그래야 한다고 제안하고 싶다. 그 사람은 결국에는 십자가의 의미에 대한 이론을 발전시키게 될지도 모른다. 그게 꼭 나쁜 일은 아니다. 그리스도인이라면 어느 정도는 신앙의 의미를 충분히 생각해야 할 책임이 있으니 말이다. 그러나 이 성찰의 과정이 비록 신약성경에 **기초한다** 해도, 실제로는 신약성경을 **넘어선다**는 것을 제대로 인식할 필요가 있다. 신학자들이야 당연히 '속죄론'에 관해 자유롭게 이야기할 수 있다. 어차피 모든 직업에는 전문 용어가 있으니 말이다. 하지만 일반 대중에게 이야기하거나 글을 쓰면서도 전문 용어를 사용해서 그들을 어리둥절하게 만든다면, 그 용어들은 참으로 쓸모없을 것이다.

이러한 이유에서 나는 '속죄론'이라는 단어를 전혀 사용하지 않을 작정이다. 그 대신 '구원의 이미지', 곧 하나님이 그리스도의 십자가와 부활을 통하여 우리를 위해 성취하신 것을 상상하고 이해하는 방식에 관해 이야기할 것이다.

4
십자가의 이미지들
전쟁터, 법정, 재활 치료소, 감옥, 병원

1988년 늦가을, 토스카나에서 맞는 찬란한 아침이었다. 나는 출간되지 않은 15세기 원고들을 연구하기 위해 피렌체에 와 있었다. 원고들은 메디치가(家) 시대에 건립된 도시 안의 위대한 르네상스 도서관 중 한 곳에 보관되어 있었다. 도서관은 작은 뜰 안에 수도원 회랑처럼 세워져 있었는데, 돌로 된 통로가 있고 피렌체의 명물인 선명한 붉은 기와가 사면에 빙 둘린 지붕으로 덮여 있었다. 도서관에서는 작은 정원으로 나갈 수 있었는데, 건물의 석조 부분과 마찬가지로 정원 안에도 식물이 가득했다.

나는 도서관이 열리기를 기다리며 뜰을 배회했다. 해외에서 연구 중인 학자의 열의로 가득 차서 너무 일찍 도착해 버렸던 것이다. 걷다 보니 정원에는 서로 완전히 다른 모습들이 있었다. 어느 각도에서 보면 정원엔 장미가 가득했다. 다른 각도에서는 어디에나 감귤나무가 자라고 있는 것처럼 보였다. 정원을 온전히 감상하기 위해서는 모든 방향에서 보아야 했다. 뜰 안에 있는 유리 없는 큰 아치형 창문들을 통해 동일한 정원을 다르게 볼 수 있었다. 각각의 전망은 모았을 때 더 큰 전체 그림을 보여주는 스냅 사진 같았다.

사서가 도착했다. 나는 문서를 한데 모아서 그날의 일을 시작하려 했다. 그런데 기대감이 급속도로 무너졌다. 사서가 내게, 월요일이어서 도서관이 평소보다 훨씬 늦게 열린다고 설명했기 때문이다. 나는 낙담해서 그곳을 벗어나, 가까운 광장에 있는 야외 카페로 가서 커피를 한 잔 주문했다. 나는 5백 년 동안이나 도서관에 있던 원고들이니, 아마도 두 시간은 더 그곳에 남아 있을 것이라 생각하며 마음을 달랬다. 광장 중심에는 피렌체의 위대한 르네상스 성당인 두오모가 있었다. 앉은 자리에서 그 기막힌 장관을 일부나마 볼 수 있었다. 커피를 다 마신 다음에는 시계를 본 후 남은 시간을 성당에서 어슬렁거리며 웅장한 내부를 둘러보고, 내가 E. M. 포스터(Forster)의 소설 『전망 좋은 방』(열린책들)에 나오는 루시 하니처치(Lucy Honeychurch)인 체하며 보냈다. 그리고 마침내 열린 도서관으로 돌아와 연구에 몰두했다. 사흘이 지나자 나는 그 원고들이 왜 5백 년이 지나도록 출간되지 않았는지 깨닫기 시작했다. 하지만 이건 다른 이야기다.

그런데 그날 아침의 사건들이 마음에 남았다. 크고 복잡한 일일수록 그것을 단번에 알아보기는 더 어려운 것 같았다. 정원은 깔끔하게, 성당은 좀더 생생하게 이 점을 보여 주었다. 파리의 노트르담, 워싱턴 D.C.의 대성당, 또는 런던의 웨스트민스터 궁전처럼 위대한 건축물의 경우, 잘 감상하기 위해서는 시간과 노력을 들여야 한다. 움직이는 버스의 차창으로 혹은 야외 카페의 앉은 자리에서 잠깐 보는 건 소용없다. 그 자리에서 나와 온갖 각도와 방향에서 그것을 살펴보는 수고를 아끼지 말아야 한다. 그러지 않으면 그 안의 풍요로움과 경이로움이 대부분 발견되지 않고 숨겨진 채로 남는다. '보았으나' 이해하거나 음미하지는 못한다.

한동안 이런 생각들이 마음속에 맴돌았다. 그 월요일 아침 도서관으로 걸어가며, 나는 그리스도인들이 그리스도의 십자가를 제대로 이해하려 할 때 맞닥뜨리는 큰 어려움에 대해 생각하게 되었다. 십자가의 의미에 대한 자잘한 이론들은 왠지 몹시 부적절해 보인다. 나는 삼위일체에 대해 중요한 작품을 쓴 초기 기독교 사상가 히포의 아우구스티누스(Augustine of Hippo)에 관해 전해진 이야기를 골똘히 생각했다. 일설에 의하면, 어느 날 그는 아마도 생각에 깊이 잠겨 해변을 따라 걷다가 한 소년이 모래에 난 구멍에다 바닷물을 붓고 있는 것을 보았다. 소년은 손으로 바다에서 물을 떠서 구멍으로 걸어갔다. 손에서 물을 비워내고 나면 다시 바다로 되돌아갔다. 아우구스티누스는 몇 분 동안 소년을 지켜보다가 뭘 하고 있는지 물었다. "저는 땅에 난 이 구멍 속으로 지중해를 들이붓고 있어요"라는 대답이 돌아왔다. 아우구스티누스는 아마 미소를 참았을 것이다. "시간을 낭비하고 있구나! 그건 불가능해! 너는 결코 땅에 난 저 작은 구멍 속으로 바다를 들어가게 하지 못할 거야." 소년은 다음과 같이 반응했다고 한다. "글쎄요, 그렇다면 선생님도 하나님에 관해 글을 쓰느라 시간을 낭비하고 계시는군요. 절대로 **하나님을** 책 속에 들어가게 하진 못할 테니까요."

십자가는 거대한 건축물과 같아서, 그것에 대한 어떤 접근 방법은 건물 전체를 볼 수 있는 성당의 원경과 같다. 다른 어떤 접근 방법은 성당의 탑과 버팀벽, 프레스코화나 제단 뒤편의 장식 또는 지하실을 근접 촬영한 사진과 같다. 모두 동일한 건물의 일부이지만 서로 달라 보이며 하는 역할도 다르다. 하지만 사람 몸의 서로 다른 부분과 마찬가지로 그 모두가 동일한 전체의 일부다. 다 독특하게 기여할 각자의 몫을 지니고 있다. 그 가운데 몇을 없애면 더 큰 전체를 잘못 이해할 수 있다. 십자가에 대한 여러 가지 접근 방법의 문제는 그것들이 틀리기보다는 부적절하다는 것이다. 어떤 사람들은 그리스도의 십자가의 의미를 한 가지 신조나 문장, 비유로 설명해야 한다고, 언제나 그럴 수밖에 없다고 생각하는 것 같다. 그들은 "이것은 내가 십자가에 대해 알 수 있는 전부다"라는 이해할 만한 진술에 "또한 이것이 십자가에 내재하는 전부다"라는 독단적인 주장을 더한다. 그러나 십자가에는 언제나 우리가 상상할 수 있는 것 이상이 있다. 그것은 무궁무진하다. 우리는 십자가의 의미에 대해 대대로 이어져 온 교회 공동의 증언을 고려해야 한다. 몇 사람의 통찰이나, 더 나쁘게는 우리 자신의 견해를 기독교 신앙의 핵심에 대한 최고의 길잡이 후보로 삼아서는 안 된다. 우리보다 앞서 같은 질문과 씨름해 온 다른 사람들의 대화에 귀 기울여야 한다. 우리는 아마도 그들에게 배울 수 있을 것이다.

이 장에서는 신약성경에서 발견할 수 있는 다섯 가지 이미지를 살펴볼 것이다. 그리고 신약성경 기자들이 십자가의 신비를 이해하고 조명하기 위해 사용하는 각 이미지에 대해 세 가지 질문을 던지려 한다.

1. 그 이미지는 무엇을 의미하는가?
2. 그 이미지는 그리스도에게서 동떨어진 우리의 상태에 관해 무엇을 말해 주는가?
3. 그 이미지가 주는 유익을 어떻게 취할 수 있는가?

사실 세 번째 질문은 그 자체에 하나의 장을 할애할 만큼 중요하다. 그러므로 여기에서는 이 질문들 가운데 앞의 두 가지만 다룰 것이다.

전쟁터

"우리 주 예수 그리스도로 말미암아 우리에게 승리를 주시는 하나님께 감사하노니"(고전 15:57). 이 말씀은 예수 그리스도의 십자가와 부활의 의미를 단순하고도 격조 있게 설명한다. 부활절에 일어난 위대한 역전은 승리를 표상한다. 그 승리가 오직 그리스도에게만 속하고 우리와는 관계없는 것처럼 보일 수도 있다. 그러나 부활 신앙의 잠재력이 충분히 드러나면서, 그리스도의 승리는 죽을 수밖에 없는 인생의 치명적인 성질을 변화시킬 힘으로 가득 차 있음이 분명해졌다. 하나님의 은총으로, 그리스도의 승리는 우리의 승리가 될 수 있다.

그런데 이것은 어떤 종류의 승리일까? 부활절은 단순히 성금요일에 일어난 사건이 역전된 것일까? 우리는 부활을 그저 이전 상황을 회복하려는 신의 반격으로 이해해야 할까? 아니다. 신약성경에서 승리라는 주제는 국지적 침략자가 일시적으로 패한 것을 기념하는 값싼 승리주의가 아니다. 솔직히, 매일 수백만이 희망 따위는 없이 죽는 판에, 한 사람이 죽음의 손아귀에서 극적으로 구출된 것이 뭐 그리 중요할까?

앞에서 본 것처럼, 부활이 예수의 정체에 관해 말해 주는 바를 깨닫는 것이 그 질문에 대한 부분적인 대답이다. 하지만 어쩌면 그 대답의 더 큰 부분은 십자가에 달린 그리스도가 얻어

낸 승리의 본질에 대한 좀더 철저하고 근실한 탐구에 놓여 있다. 한 가지 비유를 통해 내가 염두에 둔 논점을 살펴보겠다.

아주 끔찍한 고통을 겪고 있는 한 나라를 상상해 보자. 그 나라는 아프리카에 있고 기아와 기근에 시달려 왔다. 경제 관리 부실로 인해 자활의 능력마저 잃어버렸다. 서구 언론은 대중에게 이 고통의 이미지들을 퍼붓고, 북미의 주요 텔레비전 방송국에서 전용 비행기를 보내 한 젊은이를 대피시킨다. 그 장면은 지원과 연민의 표현으로 보도되고 언론의 엄청난 관심에 휩싸인다. 우리는 그 젊은이가 서구의 상대적인 안전과 풍요 속에서 살아남아 성공하리라는 말을 듣는다. 그는 그의 동족에게 희망의 상징이 될 것이다.

그 행동은 간결하고 극적이며 뉴스로서의 가치가 있었다. 그렇지만 그 아프리카 국가의 상황을 바꾸는 데에는 전적으로 실패했다. 일어난 일이라곤 단 한 사람이 동족이 처한 곤경에서 빼내어진 것뿐이다. 그의 고국에 있는 어느 누구에게도 도움이 되지 않았다. 그들은 절망과 무력감 속에서 고통받으며 그가 안전한 곳으로 옮겨지는 것을 그저 바라만 보고 있었다. 어떤 의미에서, 그 젊은이가 구출된 것은 연대보다는 유기를 상징했다.

한편, 구호 활동가들은 언론 선전기구들의 눈에 띄지 않은 채 막후에서 고된 일을 계속한다. 그들은 선전에 급급한 매체의 저급한 술책에는 관심이 없다. 그들의 일은 그 아프리카 국가가 현재 처한 곤경의 배후에 궁극적으로 놓인 뿌리 깊은 문제들을 다루는 것이다. 삼림 벌채의 흐름은 다시 심기라는 주요한 프로그램을 통해 역전되어야 한다. 국가 경제의 구조가 재편되어야 한다. 국민들에게는 문제에 맞설 희망과, 무너진 문화를 재건하는 데 필요한 도구들이 주어져야 한다. 문제들은 아주 깊이 뿌리박혀 있고 겉모습과는 너무도 동떨어져 있어서 단박에 해결될 수 없다. 지난한 행로가 기다리고 있다. 앞으로 다년간 이 나라에 가난과 고통이 만연할 것이다. 하지만 구호 활동가들의 참여와 헌신은 이 고통받는 나라의 미래를 여는 열쇠가 된다. 그들은 재건을 위해 힘겹게 애쓰는 나라를 인도하고 돕고자, 언론의 이목과 인정에서는 벗어난 채로 그곳에 있을 것이다.

죽음을 제압한 예수의 승리에 관해 생각 없이 이야기하는 것은, 지독히도 피상적이고 천박한 첫 번째 접근법에 아슬아슬하게 가까울 수 있다. 그것은 한 사람에게는 좋은 소식이지만, 나머지 사람들은 상황 속에 발이 묶인 채로 남겨진다. 하지만 신약성경은 부활을 결코 이러한 관점으로 보지 않는다. 오히려 부활은 하나님이 자기 피조물을 바로잡는 일에 전적으로 헌신하신다는 증표로 풀이된다. 하나님은 엄청난 문제에 직면해 있음에도 불구하고 한 나라의 재건에 전념하던 구호 활동가들과 같다. 부활은 인간이 처한 곤경의 실질적인 문제들을 다루시려는 하나님의 의도와 능력을 찬란하고도 강력하게 상징한다. 신약성경은 하나님이 우리의 깨어진 실존의 실질적인 장애들을 기꺼이 바로잡으려 하신다고, 그리하실 수 있다고 말한다. 하나님이 인간의 불행과 고통의 근본 원인들에 맞서고 계신다고 선언한다.

그러나 부활은 결코 상징에 불과하지 않다. **그 일은 실제로 일어났다.** 부활은 구원의 전 과정 중에서 아마도 가장 영향력 있고 흥미진진하며 주목할 만한 국면일 것이다. 그렇지만 우리를 구속하시려는 하나님의 결정이 어쩌다 보니 부활에서 시작되는 것이라고 생각해서는 안 된다. 오히려 부활은 제멋대로인 인류를 회복시키는 기나긴 과정의 눈부신 정점으로 이해되어야 한다. 그 과정은 역사적으로 아브라함 및 이스라엘 백성에게서 시작되며 우리 시대에도 계속된다. 예수의 부활은 피조물의 수준과 진실성을 온전하게 회복시키시려는 하나님의 의도와 능력의 신호다. 죽음이 세상 모든 오류의 최고점으로 이해될 수 있듯이, 부활은 타락으로 인해 피조물을 괴롭히는 무질서에 대한 하나님의 궁극적인 승리의 증표로 이해될 수 있다. 죽음은 가장 큰 적이지만, 그리스도를 통해 하나님에게 패했다. 그리하여 우리는 우리를 대적하는 남은 권세와 세력들이 마찬가지로 패하고 있으며 그 위력이 꺾이고 있다는 희망을 얻었다.

십자가는 자유를 가져오며, **하나님에 대한 거짓된 이해들**로부터의 해방을 가져온다. 그것은 하나님이 없다는 모든 암시에도 불구하고 그분이 **거기** 계심을 보여 준다. 성금요일은 하나님이 죽었거나 잠을 자거나 무관심하다는 견해를 확증하는 듯했다. 그런데 부활절은 하나님이 살아 계시고 안녕하시며 보살피신다는 것을 보여 주었다. 십자가는 인간의 본성이 너무 사악하거나 인간의 딜레마가 너무 복잡해서 하나님이 어찌해 볼 도리가 없다는 견해에서 우리를 벗어나게 한다. 하나님에 대한 심히 비관적이고 가혹한 평가에 우리를 얽매이게 하는 고약한 굴레가 십자가에 의해 해체된다. 하나님은 피조물의 행복과 구원에 열렬히 전념하시는 분, 실은 너무도 그러한 나머지 피조물 안으로 들어와 그 안에서부터 구원하려 준비하시는 분으로 드러난다. 창조주가 재창조를 위해 자기 피조물 안에서 피조물이 된다. 겟세마네 직후에 우리는 에덴의 향기를 감지한다. 예수는 에덴동산 안에서 일어난 인간 본성의 배반을 원래대로 되돌리기 위해 겟세마네 동산 안에서 배반을 당했다. 부활은 새로운 창조의 첫날과 같다.

그렇다면 하나님이 십자가를 통해 성취하신 이 이미지는 우리가 죄를 이해하는 데 어떤 도움을 줄까? 그리스도와 동떨어져 있는 우리의 상황에 관해 무엇을 말해 줄까? 이 이미지를 통해 우리는 죄를 노예화와 억압으로 생각하게 된다. 노예화는 정치적이거나 군사적인 혹은 경제적인 것일 수 있다. 이집트에서 이스라엘 백성들을 고통스럽게 한, 그리고 오늘날 가난한 나라의 많은 사람들에게 너무도 가혹하게 작용하는 억압과도 같다. 암울한 나치 점령기에 유럽 대륙을 괴롭힌 절망감을 상상해 보라. 십자가는 "이것이 죄의 실상이다"라고 선포하며, 객관적인 억압의 상태가 주관적인 압박감으로 이어짐을 상기시킨다. 임시변통으로 사태의 주관적인 측면을 아무리 많이 손본다 한들 실제 상황은 결코 바뀌지 않으며, 이는 절망감의 일차 원인이 된다. 참된 마음의 평화를 위해서는 우리 상황의 참된 변화가 필요하다.

죄는 우리를 억류하는 세력과도 같다. 그것은 분열을 일으킨다. 우리를 하나님에게서 떼어 놓고 죄 가운데 은닉한다. 우리는 이 상황을 통제할 수 없다. 그것은 건장한 남자에게 포로로 잡히는 것과 같아서, 석방되기 위해서는 더 강한 사람이 그를 제압해서 우리가 탈출할 수 있도록 해 주는 방법밖에 없다. 예수의 십자가와 부활이 죄의 위력을 꺾는다고 생각해 보라.

그러나 죄와 죽음, 악의 위력이 꺾였다면, 우리가 그로 인해 여전히 괴로움을 당한다는 사실을 어떻게 이해할 수 있을까? 심지어 그리스도인의 삶에도 죄와 악에 대한 지속적인 분투가 있음을 우리는 인간 역사와 기독교적 경험을 통해 배울 수 있다. 실제로, '믿음의 승리'에 관해 말하는 것은 믿음과 경험 사이의 모순을 가리는 공허한 말에 불과하게 될 위험이 있는 듯하다. 우리는 이 문제를 어떻게 해결할 수 있을까?

이 어려움을 이해하기 위해, 영국의 C. S. 루이스(Lewis)나 스웨덴의 안데르스 뉘그렌(Anders Nygren)과 같은 저명한 작가들로 이루어진 그룹에서 한 가지 유용한 방법을 생각해 냈다. 그들은 신약성경과 제2차 세계대전 당시의 상황 사이에서 중요한 유사점을 발견했다. 그리스도의 죽음으로 죄에 대해 승리를 거둔 것은 점령당했던 나라가 나치의 지배에서 해방된 것과 비슷했다. 우리는 점령국이라는 사악하고 위협적인 개념을 상상해 볼 필요가 있다. 이 외국 주둔군의 그늘 아래에서 살아가야 하는 삶을 생각해 보라. 철저한 절망 상태라는 말이 그 상황을 통렬하게 표현해 준다. 할 수 있는 일이 아무것도 없다. 아무도 당해 낼 수가 없다.

그때 짜릿한 소식이 들려온다. 멀리 떨어진 곳에서 전투가 있었는데, 웬일인지 전세가 뒤바뀌었다. 새로운 국면이 전개되고 점령국은 혼란에 빠졌다. 그들의 중추가 부러져 버렸다. 시간이 흐르면 나치는 유럽 구석구석에서 축출당할 것이다. 그렇지만 아직은 피점령국에 남아 있다.

어떤 의미에서는 상황이 바뀌지 않았으나, 좀더 중요한 다른 의미에서 보면 상황이 완전히 바뀌었다. 승리와 해방의 기운이 감돈다. 심리적인 분위기에 완연한 변화가 일어난다. 싱가포르에 있는 일본 전쟁포로 수용소에 수감되었던 한 남자를 만난 일이 기억난다. 그는 1945년 중반에 (단파 라디오를 갖고 있던) 한 포로를 통해 일본이 전쟁에 기울이던 노력이 수포로 돌아갔음을 알게 되자, 수용소 분위기에 놀라운 변화가 생겼노라고 이야기해 주었다. 수용소 안의 모든 이들은 여전히 포로 상태였지만, 그들은 적이 패배했음을 알고 있었다. 석방은 이제 시간문제였다. 그 포로들은 마치 이미 풀려난 것처럼 웃고 울기 시작했다고 한다.

1944년 6월 노르망디에서 교두보를 확보한 이후 1년 정도가 지나서야 유럽 내 제2차 세계대전은 끝이 났다. 하지만 객관적인 변화는 그보다 앞선 어느 때엔가 전쟁이 벌어지는 현장에서 이미 발생했는데, 이는 억류된 사람들의 마음과 정신에 주관적인 변화를 초래했다. 그리고 지금 우리에게도 마찬가지다. 어떤 의미에서 승리는 아직 도래하지 않았으나, 또 다른 의미에서는 이미 도래했다. 부활은 죽음, 악, 그리고 죄와 같은 모든 악하고 억압적인 세력에 대한 하나님의 전적인 승리를 그 사건보다 앞서 선포한다. 그것들의 중추가 부러졌으니, 우리는 압제의 긴 밤이 끝날 것을 아는 상태로 **지금** 승리의 빛 안에서 살기 시작할 수 있다.

법정

구속에 관한 기독교적 논의에 널리 퍼져 있는 주요 주제들 가운데 하나는 하나님의 정의와 의라는 주제다. 하나님은 자의적이고 무계획적인 방식이 아니라 자신의 의에 부합하고 그것을 선포하기도 하는 방식으로 우리를 구속하신다.[1] 그러므로 십자가의 의미에 대해 기독교적으로 말할 때 법정의 이미지와 언어가 사용되는 것은 당연하다.

아마도 죄에 관한 부분이 십자가에 대한 이 접근법의 가장 중요한 측면일 것이다. 죄는 법률 혹은 처벌에 관한 용어로 이해될 수 있다. 그것은 하나님에 대한 범죄다. 그러나 죄를 마치 누군가에 대한 무례함 같은, 어떤 사소한 모욕의 개념과 혼동해서는 안 된다. 죄는 하나님 자신이 세계의 토대에 확립해 놓으신 피조물의 도덕 체계를 위반하는 것이다. 죄는 하나님에 대한 개인적인 모욕일 뿐 아니라 피조물의 도덕적 구조에 반하는 범죄다.

한 가지 비유를 통해 더 명확하게 볼 수 있다. 내가 누군가를 납치해서 억류하고 몸값을 요구한다면, 나에게는 그 개인에 대한 사적인 범죄의 책임이 있을 것이다. 하지만 나는 더 큰 무언가에 대해서도 책임이 있는데, 바로 마땅히 사람들이 이런 식으로 행동하지 못하게 하려는 사회 전체에 대한 범죄의 책임이다. 이 경우에는 사적인 도덕성과 공적인 법이 분리될 수 없다. 그리고 이와 마찬가지로, 죄는 사적인 문제가 아니다. 그것은 공적으로 다루어져야 한다. 죄는 피조물의 지속적인 행복을 좌우하는 도덕 체계를 무너뜨릴 우려가 있다.

그렇다면 하나님은 어떻게 자신의 도덕 체계를 위반하지 않고 인간의 죄를 용서하실 수 있을까? 왜 하나님은 죄를 그냥 용서해 버리고 끝내실 수 없을까? 어째서 그저 과거, 현재, 미래의 모든 죄가 지워지고 사해졌다고 선포하지 않으실까? 왜냐하면, 이는 죄의 심각성을 부인하는 것이기 때문이다. 피조물을 부패와 오염에서 보호하지 못하는 셈이다. 마치 죄가 공적인 관련성이 없는 어떤 사적인 문제에 불과하다고 주장하며 정의의 개념을 비웃는 것과 같다.

죄는 불쾌감을 초래하며, 그 불쾌감은 다루어져야만 한다. 애석하게도 사적인 관계에서 누군가 불쾌감을 겪는 일은 흔하다. 그런 일이 일어날 때 기분 나쁘지 않은 척하는 것은 무의미하다. 그것은 인생의 혹독한 현실과 무관한 세계에서 사는 것이다. 기분 나쁜 일을 당하면 그것에 직면해 치유해야만 한다. (뒤에서 사적인 관계의 이미지를 다룰 때 이 점에 대해 더 깊이 탐구할 것이다.)

바로 이 지점에서 십자가가 매우 중요해진다. 십자가는 죄의 전적인 심각성을 드러내며 죄를 규탄한다. 죄는 사소한 문제처럼 보일지 모르지만 끝내 하나님 자신이 십자가에 달려 죽으시는 사태로 이어진다. 피조물의 도덕 체계가 인간의 죄로 인해 너무도 왜곡되고 혼란스러워진 나머지, 피조물이 결국 자신의 창조주를 파괴하려는 시도를 하고 마는 것이다. 세상의 조화를 회복하기 위해, 세상이 다시 시작할 수 있도록 그것의 죄를 무효

4. 십자가의 이미지들

화하기 위해, 세상 속 파괴적인 세력들의 힘을 꺾기 위해, 어떤 혁명적인 일이 일어나야 한다. 그렇지만 피조물은, 그리고 가장 중요한 인간의 본성은, 죄에 너무도 깊이 휘말린 나머지 죄와 죄책감, 유전되는 형벌의 누적 상태에서 헤어 나올 수가 없다. 그것은, 판을 치우고 완전히 다시 시작할 어떤 방도에 대한 희망도 없이 악성 부채처럼 계속 불어나고 있다. 우리가 자초한 이 감옥에서 벗어나려면 외부의 조치가 필요하다.

이 상황에서 십자가는 하나의 전환점이 된다. 하나님과의 반목이 십자가로 인해 끝난다. 하나님이 우리와 맺는 관계가 변화함에 따라 우리가 그분과 맺는 관계도 변화할 수 있다. 하나님과 우리 사이의 우정에 죄가 들이민 장벽은 그리스도에 의해 무너진다. 예루살렘의 성전 휘장은 대개 평범한 사람들이 하나님의 임재 가운데로 들어갈 수 없음을 상징했다. 그런데 그리스도가 죽었을 때 이 휘장이 찢어졌다.[2] 이는 그리스도의 죽음이 죄의 장벽을 무너뜨린 방식을 보이는 강력한 상징이다. 우리가 하나님께로 돌아갈 길이 열렸다.

하나님은 성육하시면서 인간의 죄의 짐을 스스로에게 지우셨다. 그리스도는 갈보리에서 자신의 외롭고 지친 어깨 위에 놓인 인간의 죄의 무게를 견뎌 낸 분이다.[3] "하나님이 죄를 알지도 못하신 이를 우리를 대신하여 죄로"(고후 5:21) 삼으셨다. 그리스도는 죄인들을 구원하기 위해 기꺼이 죄인들 중 하나로 여김을 받았다.⁴ "친히 나무에 달려 그 몸으로 우리 죄를 담당하셨으니 이는 우리로 죄에 대하여 죽고 의에 대하여 살게 하려 하심이라. 그가 채찍에 맞음으로 너희는 나음을 얻었나니"(벧전 2:24). 십자가는 죄의 심각성뿐 아니라 그것과 싸워 결국 파괴하실 하나님의 능력과 의도를 절실히 느끼게 한다. 십자가에서 우리는 실재하는 우리의 죄에 대한 실제적인 용서를 본다. 하나님이 시작하신 이 일에 우리는 응답해야만 한다. 우리가 움직일 수 있도록 하나님이 움직이신다. 우리가 하나님을 사랑할 수 있도록 하나님은 우리를 사랑하셨다.⁵

하나님은 이렇게 오로지 자기만 할 수 있는 일을 하신다. 그는 인간이 지은 죄뿐 아니라 영향력까지 없애 주신다. 그렇게 해야 할 어떤 의무도 없었으나, 그분은 자비와 연민의 마음으로 이 일을 행하기로 결정하셨다. 하지만 그렇다고 그분의 의로우심이 위태로워지지는 않는다. 우리를 위한 사랑이 너무도 커서, 그분은 마땅히 우리 것이었어야 할 아픔과 고난을 스스로 떠맡으신다. 바울이 쓴 것처럼, 나는 "나를 사랑하사 나를 위하여 자기 자신을 버리신 하나님의 아들을 믿는 믿음 안에서 사는"(갈 2:20) 것이다. 결국 우리는 이 놀라운 변화가 어떻게 일어나는지에 대해 결코 충분히 설명할 수가 없다. 그것은 우리가 그 신학적인 장면 뒤에서 무슨 일이 일어나는지 끝없이 추측하기보다는 경배와 찬양 가운데 무릎 꿇어 마땅한 어떤 것이다. 최고의 신학자는 언제나 십자가에 달린 그리스도를 깔끔한 이론으로 환원시키려 애쓰는 대신 경배하고 흠모하는 이들이었다.

그렇지만 신학적으로 생각하는 것은 인간다운 것이며, 신앙만이 아니라 합리적인 정신 또한 이 문제에 영향을 미치도록 해야 한다. 십자가가 어떻게 우리를 용서받게 할 수 있는지 이해하기 위한 주요 접근법 세 가지를 간략히 서술하면 다음과 같다.

1. **대표**. 이 관점에서 그리스도는 인류의 언약 대표로 이해된다. 우리는 믿음을 통해 하나님과 인류 사이의 언약에 속한다. 그리스도가 십자가에서 우리를 위해 성취한 모든 것이 그 언약으로 말미암아 우리에게 통용된다. 하나님은 자기 백성 이스라엘과 언약을 맺으셨던 것처럼 자신의 교회와도 언약하셨다. 십자가에서의 순종을 통해 그리스도는 자신의 언약 백성을 대표하고 그들을 위해 유익을 얻어 내는데, 거기에는 우리 죄의 온전하고 값없는 용서가 포함된다.

2. **참여**. 믿는 자들은 믿음을 통해, 바울의 유명한 표현으로 하면 '그리스도 안에' 있다. 그들은 그에게 사로잡혀 그의 부활의 생명에 참여한다. 이로 인해, 그들은 그리스도가 십자가의 순종을 통해 성취한 모든 유익을 얻는다. 이 가운데 하나가 죄의 용서이며 우리는 믿음을 통해 그것에 참여한다. 그리스도 안

에 참여하는 것에는 이렇게 우리 죄의 용서와 그의 의에 참여하는 것이 따른다.

3. **대속**. 이 관점에서 그리스도는 우리 대신 십자가로 향한 분, 우리의 대리인이다. 그리스도는 우리와 무한히 동일시할 준비가 되어 있다. 우리는 죄 때문에 처벌받아 마땅했다. 그러나 하나님은 그리스도가 우리 대신 우리 죄를 지도록 허락하시므로, 십자가의 순종을 통해 얻은 그의 의가 우리의 것이 될 수 있다. 그리스도는 우리의 인간적 상황 속으로 들어와 슬픔, 고통, 죄책을 함께 진다. 이 모든 것이 십자가 앞에 놓이고, 우리 대신 그것들을 감당하는 그분과 함께 십자가에 못 박힌다. 그리고 그의 상처로 인해 우리는 치유된다.

이 세 가지 접근법은 우리가 어떻게 그리스도의 죽음과 부활을 통해 유익을 얻는지, 그리고 우리 죄가 어떻게 그의 의로 대체되는지를 밝히는 데 매우 귀중한 역할을 한다. 우리는 다음 장에서 그리스도의 인격과 그의 은덕에 참여한다는 개념을 더 깊이 발전시킬 것이다. 하지만 지금은 우선 십자가와 부활을 법적인 맥락에서 생각하는 칭의(justification, 稱義)에 관해 살펴보자.

그리스도는 "우리가 범죄한 것 때문에 내줌이 되고 또한 우리를 의롭다 하시기 위하여"(롬 4:25) 살아나셨다. 바울이 특별히 좋아하는 '의롭다 함'(칭의)이라는 용어는 유대 법정에서 기원하는데, 주로 판사가 어느 한 편에게 유리하도록 판정하는 행위를 가리킨다. 의롭다 함을 받는 개인은 법정에서 보기에 옳다고 선언된 자다. 이 히브리어 단어에는 많은 의미가 담겨 있어서, 영어로 옮기는 것이 어렵기로 악명이 높다.[6] '옳다고 평가됨' '옳다고 선언됨' '복위된' 또는 '무죄가 입증된' 같은 개념을 생각해 보라. 이 개념들은 하나님이 예수 그리스도를 통하여 우리를 위해 우리 안에서 성취하신 것의 풍요로움을 나타내는 데 어느 정도 도움이 된다. 하지만 신약성경의 주조를 이루는 것은 (칭의의 구체적 교리보다는) 칭의라는 **사실**이다. 신약성경의 저자들(특히 바울과 야고보)은 아무래도 칭의의 선행 조건보다는 결과를 더 살펴보고자 하는 것 같다.

여기서 우리의 관심사는 예수 그리스도의 십자가와 부활을 조명하는 것이다. 칭의라는 단어 자체가 생소한 현대 상황에서 우리는 그 성경적 개념을 어떻게 이해해야 할까? 칭의가 속죄와 마찬가지로 기독교 집단에 한정되고, 기독교적 상황 밖에서는 어떤 실질적인 의미도 없는 종교적 전문 용어에 지나지 않게 될 위험이 있지 않을까? 그리고 이 때문에 복음을 전할 때 어려움이 생기지 않을까? 어찌 되었든 바울은 십자가와 부활의 의미를 설명하기 위해 '칭의'라는 단어를 광범위하게 사용한다. 하지만 이 단어는 기독교계 밖에서는 많이 사용되지 않는다. 결과적으로 우리는 만만치 않은 의사소통의 문제를 떠맡은 것이다! 오늘날 일상에서 '칭의'(justification)라는 영어 단어가 의미하는 바는 무엇일까? 그것은 논쟁이나 소송에서 한 사람의 입장을 옹호하는 것일 수 있다. 아니면 인쇄된 페이지의 오른쪽 여백을 균일하게 만드는 과정일 수도 있다. 그렇다면 논쟁이나 문서 작성이라는 영역에서 익숙한 이 용어가 십자가를 기독교적으로 이해하려는 시도와 어떻게 실질적으로 연관될 수 있을까?

가장 기본이 되는 개념은 '올바르게 함'이다. 칭의는 '하나님 앞에서 의로움'이라는 구약성경의 개념을 나타내려는 시도다. 믿음을 갖는 것은 하나님과 올바른 관계에 있는 것, 다시 말해 하나님을 신뢰하는 태도로 사는 것이다. 믿음은 하나님이 보시기에 올바른 삶의 방식이다. 그러므로 칭의가 다른 말, 어쩌면 '하나님과 올바른 관계에 있음'과 같이 표현된다면 도움이 될 수 있다. 이와 비슷하게 '의롭다 함을 받다'는 '하나님과 올바른 관계가 되다'로 바꾸어 표현할 수 있다.

그렇지만 '믿음에 의한 칭의'(이신칭의)라는 어구는 우리가 **믿음으로 말미암아** 의롭다 함을 받는 것처럼 오해되기 십상이다. 즉 믿음이라는 인간의 행위가, 하나님이 보시기에 의로운 상태를 우리에게 부여하시려는 결정의 근거가 되는 것이다. 그렇다면 이 표현은 믿음이 그저 특별한 유형의 선행처럼 이해되는, 행위에 의한 칭의의 교리에 해당할 것이다.

사실 '이신칭의'(以信稱義)라는 어구는 상당히 다른 의미다. 우리가 하나님과 올바른 관계가 되는 것은 예수 그리스도 때문이지 우리가 했거나 하게 될 어떤 일 때문이 아니다. 그렇지만 우리가 의롭다 함을 받는 수단은 믿음이다. 믿음은 그리스도의 은덕이 우리에게 흘러오는 경로이며, 그리스도의 행위가 우리 삶에 적용되는 수단이다. 이것은 결코 인간의 성취로 말미암는 칭의의 교리가 아니다. 바로 그리스도가 우리를 위해 성취한 것으로 말미암는 칭의의 교리다.

그러나 '이신칭의' 교리는 이보다 훨씬 더 많은 것을 함축하고 있다. 우리가 의롭다 함을 받는 수단인 믿음 자체가 바로 하나님의 선물이다. 믿음은 우리가 얻을 수 있는 것이 아니라, 하나님에 의해 우리 안에 이뤄지는 것이다. 구원에 필요한 모든 것은 하나님이 이미, 아주 잘 행하셨다. 믿음은 우리 안에서 일어나는 하나님의 행위로, '그리스도의 은덕'이 믿는 자들에게 전달될 수 있는 하나님이 주신 통로다. 어쩌면 '믿음을 통해 은총으로 의롭다 함을 받음'이라는 더 긴 어구가 이 의미를 좀더 분명하게 나타낼지도 모르겠다.

이신칭의의 교리가 인간의 윤리적 행위를 평가절하하거나 막지는 않는다. 다만 우리가 도덕적인 행동들 때문에 의롭다 함을 받는 것이 아니라고 말해 준다. 우리는 선행을 해서 하나님의 눈에 드는 게 아니라, 하나님에게 받아들여졌기 때문에 간절히

선을 행하고자 하는 것이다. 이처럼 선행은 칭의에 대한 전적으로 타당하고 자연스러운 반응이다. 따라서 칭의의 원인이 아니라 결과다. 마르틴 루터(Martin Luther)는 이것을 주장하며 과일나무의 이미지를 사용한다. 칭의는 하나님이 좋은 뿌리 조직(믿음)을 자애롭게 정착시키시는 것이며, 그로 말미암아 열매(선행)가 자연스레 뒤따른다는 것이다. 이 교리는 우리가 하나님 나라에 들어갈 수 있으려면 높은 수준에 도달해야 한다는 억압적인 사고방식에서 우리를 해방한다. 그러나 우리가 의롭다 함을 받은 후에 하나님을 위해 높은 수준에 도달하려는 의욕을 결코 꺾지 않는다.

비록 생소한 개념이지만, 칭의는 '십자가의 말씀'의 중심 요소들을 전달할 수 있는 귀중한 잠재력을 갖고 있다. 칭의를 **교정**(矯正)으로 번역하고 '바로잡는 것'이라 해석해 보자. 이것은 무엇을 암시할까? 이 강력한 개념은 인간의 본성을 포함해 사물의 본성 안에 있는 혼란이라는 의미를 전달한다. 이는 모든 것이 뿌리 깊이 **잘못되어 있다**는 인식을 나타내는데, 그 상황이 십자가에서 최고조로 드러난다. 하나님이 자기 백성을 찾아가 구속하기로 결정하셨을 때[7] 바로 그 백성은 그를 십자가에 못 박기로 결심했다니, 세상은 얼마나 혼란스러워졌으며 만든 이의 의도에서 얼마나 멀리 벗어나 버렸는가. 현 상황에 대한 이보다 더 강력하고 효과적인 고발은 드물다. 죄는 개인적이면서 구조적이다. 그것은 개인과 사회가 심히 깨어지고 해체되며 부패한 나머지 사람들이 더 이상 행복하고 효과적으로 살 수 없는 상태를 반영한다. 하나님이 그 상황을 변화시키는 것을 칭의라고 부른다면 그 문제를 혼란과 해체의 관점에서 묘사하는 것이다. 지금의 상태는 의도된 바가 아니다. 누군가 우리의 분열되고 깨어진 세계를 도덕적·영적으로 다시 한데 모으는 작업을 시작해야 한다. 칭의의 교리는 하나님이 바로 그 일을 하고 계신다고 말한다. 부활은 옛 아담의 일과 세계가 해체되고 다시 조립되는, 새로운 창조의 첫날과 같다. 그리고 모든 것은 새 아담인 예수 그리스도의 철저하고도 창조적인 순종 덕분이다.

'칭의'라는 용어를 파악하며 주목한 어려움들로 인해, 우리가 그 의미를 당연시하는 다른 많은 용어들과도 관련된 한 가지 문제가 특별히 드러난다. 즉, 어떤 단어가 듣는 이들에게 익숙하다고 해서 그들이 그것을 이해한다는 의미는 아니다. 예컨대 '구원'이라는 단어는 익숙하지만 그 의미를 기독교적으로 제대로 이해하려면 설명이 필요하다. C. S. 루이스는 다음과 같이 쓴 적이 있다.

> 우리는 청중의 언어를 배워야 한다. 그리고 처음부터 말해 두지만 '보통 사람'이 무엇을 이해하는지 혹은 이해하지 못하는지를 **선험적으로** 규정하는 것은 아무 소용이 없다. 우리는 경험을 통

해 알아내야 한다.…반드시 모든 신학을 일반 언어로 옮겨야만 한다. 이는 매우 성가시지만…꼭 필요한 일이다. 또한 자신의 사고에도 매우 큰 도움이 된다. 나는 교육받지 못한 이들의 언어로 옮길 수 없는 생각은 분명하지 않은 것이라는 결론에 이르렀다. 옮기는 능력은 자신이 뜻하는 바를 진정으로 이해했는가의 시금석이다.[8]

어쩌면 우리의 기독교적 어휘의 모든 용어를 하나하나 충분히 생각하고, 그리스도인이 아닌 청중에게 그것들을 설명할 수 있도록 하자는 설득력 있는 주장을 할 수도 있겠다. 우리 그리스도인들이 잘못하고 있는 한 가지는 '구원' '속량' '은혜'와 같은 단어들을 경솔하게 언급하는 것이다. 그러면서 듣는 사람들이 그 단어들을 이해했는지 거의 확인하지도 않는다. 그런데 우리 자신은 그 단어들을 정말로 이해한 걸까?

함께 생각해 볼 두 번째 법정 이미지는 입양에 관한 것인데, 다루기가 훨씬 더 쉽다. 그리스도가 십자가에서 우리를 위해 거둔 성취로 우리는 하나님의 자녀로 입양된다(롬 8:23; 9:4; 엡 1:5). 이 개념의 법률적 의의는 단순하다. 한 가족의 외부에서 태어나는 개인들은 입양으로 그 가족에 속하는 법적 지위를 받는다. 입양은 법적 지위를 근본적으로 바꾼다. 부유한 가정에 입양되는 가난한 아이는 그 집안의 모든 지위와 부를 나누어 갖는다.

4. 십자가의 이미지들

입양되면 친자들과 동일한 상속권을 받는다.

로마서 8:15-17에서 바울의 논법을 쭉 따라가면 십자가의 의미를 이렇게 생각하는 방식이 중요함을 이해할 수 있다. 그 논법은 다음과 같이 바꾸어 말할 수 있다. 갈보리에서 부활을 거쳐 오순절에 성령을 주신 일까지, 경이로운 일련의 사건들을 잘 생각해 보라. 이 사건들로 말미암아, 믿는 자들은 입양되어 하나님의 자녀의 지위를 부여받는다. 예수 그리스도가 하나님의 친자라면 우리는 하나님의 양자다. 그 지위가 자연적인 것이든 법적인 것이든 상관없이 우리는 모두 하나님의 동일한 자녀다. 이 말은 우리가 모두 동일한 상속권을 갖는다는 의미다. 우리는 이와 같이 "하나님의 상속자요 그리스도와 함께한 상속자"(롬 8:17)인 것이다.

그렇다면 그 권리는 어떠한 것이며, 우리가 어떻게 그것을 나누어 가지리라 안심할 수 있을까? 바울은 우리에게 일어날 일의 표본으로 예수 그리스도에게 일어난 일을 가리킨다. 하나님이 그분의 친자 예수 그리스도에게 물려주신 것을, 믿음으로 상속권에 참여하는 우리에게도 물려주실 것이다. 그 유산은 다름 아닌 고난과 영광이다. 그리스도가 갈보리에서 받은 고난이 영광으로 이어진 것과 같이 우리도 영화롭게 되기에 앞서 같은 고난에 참여해야 한다. 바울은 여기서 영광에 이르는 손쉬운 경로를 배제한다. 영광은 오로지 고난을 통해 온다. 그러나 그의 전반적인 주장은 긍정적이다. 그리스도와 함께 고난당하는 이들은 언젠가 그리스도와 함께 동일한 유산을 나누어 가지며 영화롭게 될 사람들이다. 그러므로 고난은 영적인 수치나 불명예의 징후가 아니라 오히려 믿음의 유산을 나누어 갖게 될 징후다. "우리가 그와 함께 영광을 받기 위하여 고난도 함께 받아야 할 것이니라"(롬 8:17).

우리는 그리스도와 동떨어진 우리의 지위에 대해 어떻게 생각해야 할까? 십자가와 부활에 관한 이러한 생각들은 죄의 어떤 이미지를 연상시키는가? 여기서 기본적인 개념 하나가 매우 강렬하게 떠오른다. 바로 **하나님이 보시기에 그릇된 법적 지위**라는 개념이다. 죄에는 법적인 측면이 있다. 그것은 일종의 도덕적인 범죄이며 그리스도의 죽음을 통해 말소된다. 우리의 죄 때문에 하나님이 내리신 '유죄' 판결이기도 하다. 또한 '하나님과 그릇된 관계에 있는 것'이며, 이는 십자가를 통해 '하나님과 올바른 관계에 있는 것'으로 변화된다. 상속권이 전혀 없는 상태라고도 할 수 있다. 하나님의 은혜로, 이러한 상황과 우리의 지위는 그리스도가 갈보리에서 이룬 성취를 통해 알아볼 수 없을 정도로 변화된다.

마지막으로 한 가지 오해에 유의할 필요가 있다. 어떤 저자들은 십자가를 이해하는 이런 방식을 하나의 '법적 의제'(legal fiction: 명백히 진실이 아닌 것을 진실로 가정하거나, 본질이 다른 것을 일정

4. 십자가의 이미지들

한 법률적 취급에 있어서 동일한 것으로 보고 동일한 효과를 부여하는 일을 말한다-옮긴이)로 본다. 하나님이 우리를 우리가 아닌 어떤 존재인 것처럼 대하심으로써 스스로와 세계를 기만하신다는 것이다. 사실상 죄 많은 존재인 우리를, 하나님은 어떻게 마치 의로운 것처럼 대하실 수 있을까? 이것은 용납될 수 없는 것이며, 법적 의제에 불과하다. 그러나 이 주장은 오해에 기초하고 있다. 이것을 살펴보기 위해 관련 주제를 검토해 보자.

구약성경의 책들 가운데 다수가 이른바 '예언적 완료형'을 사용한다. 하나님이 자기 백성을 위해 하실 일에 관한 환상을 내다볼 때, 예언자의 언어는 바뀌기 시작한다. 실제로는 미래에 놓인 것이 현재로 이동된다. 그렇지만 예언자는 미래의 행위가 이미 성취된 것으로 본다. 하나님이 그 일을 하실 것이라고 약속하셨다. 그러므로 그 일은 이미 이루어진 것처럼 취급될 수 있다. 약속을 지키시는 하나님의 신실하심이, 현재 속으로 뚫고 들어오는 미래에 대한 이 예언자적 감각의 기저를 이루고 있다.

구원에 관한 법률적인 이미지는 하나님의 구속 행위에 대한 유사한 환상에 기초하고 있다. 하나님은 그리스도의 일을 통해 우리를 구속하기로 약속하셨다. 그는 죄인들을 받아들여 죄의 형벌, 죄의 위력, 죄의 실재에서 구속하기로 약속하셨다. 그 구속의 환상은 바로 지금 전적으로 성취되지는 않는다는 점에서 미래에 놓여 있다. 그러나 하나님의 신뢰할 만한 약속이 거기에 있으며 그것은 참되다. 우리는 그리스도가 십자가에서 성취하신 모든 것을 통해 완성되는, 구속된 인류에 대한 환상에 비추어 죄의 현실을 바라보아야 한다.

그리고 놀라운 사실이 있다. 비록 지금은 죄인이지만, 우리는 이 환상이 충실히 그리고 전적으로 실현되리라 확신해도 된다. 그리고 그것을 아는 가운데 지금 기뻐할 수 있다. 우리는 우리가 지금 아는 죄인이 언젠가 그리스도 안에서 의인이 될 것을 알고 용기를 낼 수 있다. 하나님은 우리를 마치 의로운 자인 양 대하시는 게 아니라, 우리가 의롭게 될 것이며 그 사실을 지금 확신해도 된다고 선언하신다. 언젠가 치료될 병자가 그 확신을 가지고 위안받을 수 있는 것처럼, 언젠가 의롭게 될 죄인은 그 희망 가운데 기뻐할 수 있다. 이것은 결코 의제가 아니다. 자기 아들을 우리를 위해 죽도록 보내심으로써 자신의 신실함을 보여 주신 하나님에게서 받은 믿을 수 있는 약속이다.

재활 치료소

세 번째 이미지 군은 대인 관계의 영역에서 유래하며, 신약성경 전반에 걸쳐 특히 예수의 비유들에 사용된다. 대인 관계는 우리가 하나님과 맺는 관계와, 이 관계가 십자가로 변화되는 방식에 대한 통찰을 준다. 특히 두 가지 이미지가 중요하다.

첫째는 바울의 '화해' 개념이다. 그리스도를 통해 하나님은 세상을 자기와 화목하게 하고 계셨다(고후 5:19). 화해라는 개념은 오늘날 그러한 것처럼 바울의 독자들에게도 잘 알려져 있었을 것이다. 화해는 관계가 깨어졌던 두 사람을 다시 결합시키는 것을 의미한다. 바울은 다른 곳에서 갈라선 남편과 아내의 결합에 대해 이야기할 때(고전 7:11) 이러한 의미로 그 단어를 사용한다. 그 결과 관계가 치유되고 회복되며 갱신된다. 십자가는 우리에게 화해를 권한다. 하나님과 우리의 깨어진 관계를 회복하고 갱신하려고 한다. 십자가는 이와 같이 우리를 비판하는 동시에 긍정한다. 우리가 하나님과 올바른 관계에 있지 않다고 말한다는 점에서는 비판하지만, 하나님이 우리를 자기에게 다시 데려오기 위해 놀라울 정도의 각오를 하고 계심을 보여 준다는 점에서는 긍정한다. 그분이 우리를 데려오기 위해 갈보리의 고통을 겪을 각오가 되어 있다면, 우리는 그분에게 매우 중요한 존재임에 틀림없다.

둘째는 용서의 이미지다. 깨어진 관계가 충분히 회복되려면 용서가 꼭 필요하다. 모욕당하고 상처 입은 일이 있었다면, 회복되기 위해 반드시 이 상처와 고통을 사실로 인정하고 직면해야 한다. 피해자가 가해자에게 그가 준 상처 전부와 그가 가한 고통을 설명할 수 있을 때에야 용서가 일어난다. 고통스럽더라도 주도권을 쥐는 것이 필요한데, 모든 고통과 상처가 인정되고 해결되기 위해서는 가해자를 직면해야 한다. 이는 하나님이 예수 그리스도를 십자가에 달려 죽도록 보내면서 기꺼이 떠맡으신 주도권이다.

십자가는 우리를 위한 하나님의 사랑을 한껏 드러낸다. 예수 그리스도가 갈보리에서 견딘 모든 것을 반추하여 그것이 **우리를 위한** 것임을 깨닫는다면, 우리는 이 사랑을 온전히 이해할 수 있다. 하나님의 사랑이 갈보리에서 작용하는 것이 보인다. 그는 우리가 그에게 얼마나 중요한지, 또 우리가 그에게 얼마나 많은 죄를 지었는지를 동시에 깨닫게 하신다. 십자가를 통해 주어진 용서의 제안은 받아들이기 괴로운 것이다. 그것은 갈보리의 고통과 고난이 어쨌든 우리의 죄로 말미암아 발생했다는 깨달음을 의미한다. 그러나 우리가 제안받고 있는 것은 문제를 미봉책으로 가리려는 시도에서 나오는 비현실적인 용서가 아니라 **실재하는** 죄에 대한 **실제적인** 용서다. 문제가 간과되지 않고 해결된다. 십자가는 실재하는 문제를 직시한다. 그리고 인간의 참회와 신의 용서가 깃든 우리의 기쁨에 찬 눈물을 통해 관계가 변화된다. 고통스러울지는 모르지만 실질적인 변화다.

또한 그 이미지는 "왜 굳이 무언가를 하려 들어요? 하나님은 당신의 죄를 용서하셨고 그것으로 끝난 거예요. 그냥 편히 있으면 됩니다"라고 말하는 이들의 얄팍함을 우리에게 깨닫게 한다. 이 지독히도 피상적인 접근은 하나님과의 관계는 말할 필요도 없고 인간관계에서도 용납될 수 없을 것이다. 마치 용서의 제안에 반응할 필요가 없다는 암시를 주기 때문이다. 그것은 하나님이 제안하시는 용서에 "예!"라고 말해야 할 우리의 책임을 무시한다. 또 용서를 기쁘게 받아들일 때 나오는 변화의 힘을 간과한다. 관계가 복원되기 위해서는 쌍방 모두에게 변화에 대한 의지가 있어야 한다. 주어졌으나 받아들여지지 않는 용서에는 변화를 일으킬 힘이 없다. 그리스도의 십자가를 통해 친절하게 주어지는 용서의 제안은 우리에게 응답할 것을 요구한다. 스스로를 낮추어 그렇게 제안하시는 하나님의 부드럽고 애정 어린 친절을 생각해 보라. 그러한 사랑에 "아니요"라고 말하기는 어렵다.

십자가의 의미를 이렇게 이해함으로써 또 다른 중심 주제의 중요성을 인식할 수 있다. 예수의 사역에서 중요한 한 가지는 사회에서 용납받지 못하는 이들을 받아들이는 것이다. 예수는 몇 번이고 사회적으로 버림받은 사람들과 한 식탁에 앉거나 그들을 보살핀다.[9] 여기에 개인적 혹은 사회적 관계에 대한 추상적인 이론 따위는 없다. 예수는 사람들과 관계 맺는 것에 대해 그저 말만 하는 대신 직접 관계를 맺기 시작한다. 그는 누가 봐도 관계에서 배제되어 있다고 여겨지는 이들과 어울릴 수 있으며 기꺼이 그 일을 한다. 하나님이 우리가 죄인임에도 불구하고 우리와 관계를 맺을 각오가 되어 있다면, 우리 또한 우리가 직관적으로 낙오자로 간주하는 이들과 관계 맺을 각오가 되어 있어야 한다. 하나님이 우리의 죄에도 불구하고 우리를 소중히 여기시는 것처럼 우리도 다른 이들을 소중히 여기는 법을 배워야 한다. 비록 우리가 아직 충분히 이해하지 못할지라도, 하나님의 사랑이 우리를 붙잡으셨다.

하나님에게 **소중히 여겨지는** 것에 관해서 더 살펴볼 필요가 있겠다. 나의 아내는 옥스퍼드 재활 센터에서 일한다. 머리 부상을 입은 사람들을 전문적으로 돌보는 곳이다. 이 부상이 사람들에게 끼치는 영향은 참으로 비극적일 수 있다. 그 센터에서는 이제 휠체어 없이는 움직일 수 없으며 평생 보살핌이 필요한 사람들을 돌본다. 이들은 한때 스스로를 돌보며 충만한 삶을 살 능력이 있었지만, 머리 부상으로 모든 것이 바뀌었다. 게다가 슬프게도 뇌 손상이 나아지는 일은 드물다. 그 변화에 충격을 받은 친척들은 종종 "언제 나아질까요?"라는 정곡을 찌르는 질문을 던진다. 끔찍한 대답이지만, 그들은 아마도 결코 회복되지 못할 것이다. 지금은 너무도 무력하고 옴짝달싹 못하는 사람들의 건강하고 능력 있던 시절을 알고 있다는 점이 친척들에게는 비극이나 마찬가지다. 이 환자들의 모습은 애처로운 비애감을 불러일으킨다. 그들의 세계는 부상으로 인해 산산조각 났다.

그렇다면 여기 있는 것은 망가짐, 산산조각 난 인생, 그리고 꺾여 버린 희망의 이미지다. 하지만 세상이 쓸모없다고 치부했음에도 불구하고 재활 센터의 직원들은 이 환자들을 여전히 소중히 여기고 사랑한다. 직원들은 그들에게 시간과 수고를 아끼지 않으며 미약한 개선의 징후에도 기뻐한다. 사회 전반에 부재하는 탁월한 헌신이 여기에 있다. 이 사람들이 소중히 여겨지고 존중받는 공동체가 여기에 있다. 세상은 그들을 가치 없다고 여기지만 여기에서 그들은 귀하다. 그리고 비록 죄인인 우리는 망가지고 쓸모없지만 십자가는 우리가 **중요하다**는 놀라운 사실을 선포한다. 우리에게 그러한 돌봄과 관심, 연민을 받을 만한 자격이 전혀 없음에도 불구하고 우리는 하나님에게 대단히 중요하다. 물론 우리를 위한 하나님의 사랑은 우리 고유의 가치보다는 그분의 친절과 아량을 반영하지만, 그건 중요하지 않다. 하나님이 우리를 너무 사랑하신 나머지 그리스도가 우리를 위해 죽었다.[10]

십자가는 우리처럼 상처 입은 인간들을 향한 하나님의 놀랍도록 큰 사랑을 깨닫게 해 준다. 하나님은 세상이 가치 없다고 치부하는 이들을 소중히 여기신다. 하나님은 세상이 신경 쓸 가치가 없다고 여기는 이들에게 수고를 아끼지 않으신다. 그리고 하나님은 세상이 약하고 어리석다고 여기는 이들을 구원하신다. 복음은 하나님이 모든 약점과 결점에도 불구하고 우리를 소중히 여기시며 긍정하신다는 사실을 기뻐하라고 권한다. 그런데 복음은 사실 그 이상을 한다. 세상에서 가치 없다 여겨지는 이들에게 우리가 받은 것과 동일한 수준으로 긍정하는 사랑을 펼치기를 우리에게 요청하는 것이다. 이것이야말로 하나님의 사랑이 이 세상의 어두운 변방에 알려지는 방법이 아닐까?

이 개인적이고 사회적인 관계의 변화된 이미지들은 그리스도와 동떨어진 우리의 상태에 대해 무엇을 말해 줄까? 우리가 그리스도의 십자가 죽음을 통해 하나님에게 용서받고 하나님과 화해해야 한다면, 우리의 현 상황에 대해서는 무엇을 말해 줄까? 우리의 실질적인 필요 때문에 화해가 제안되었다. 그것은 우리가 하나님으로부터 소외되어 있다고 말해 준다. 탕자가 자기 아버지에게서 멀리 떠나 방황한 것처럼 우리가 그분에게서 멀리 떠나 있다고 말해 준다. 또 우리와 하나님의 관계가 원래 의도된 바에, 그리고 그 관계가 가진 가능성에 한참 못 미친다고 말해 준다. 우리는 명목상 하나님의 자녀일지 모르나 실제로는 하나님의 소외된 자녀다. 우리는 하나님과의 충만한 관계 속에 태어나지 않는다. 그것은 이루어져야 한다. 우리는 우리를 창조하신 하나님에게서 자연적으로 소외된 상태이며, 하나님은 그런 우리를 구속하고자 하신다.

환자들의 모습을 돌이켜 보면 하나님이 자기 피조물에 관해 어떻게 느끼실지 통찰할 수 있다. 환자의 친척들은 그들의 상태로 인해 슬픔에 빠졌다. 그들은 한때 건강하고 부유했을지 몰라도 지금은 상처 입은 무력한 자들이다. 하나님도 자기가 창조한 자녀에 대해 똑같이 느끼지 않으실까? 에덴의 순수가 겟세마네의 배반으로 뒤바뀐다. 하나님이 훌륭하고 건강하게 창조하신 것이 장애를 입고 부러지며 연약하고 쇠잔하게 되었다. 피조물들, 곧 **우리**의 현재 상태를 원래 의도된 영광스러운 상태와 비교할 때에만 이 상황의 전적인 비극을 인식할 수 있다.

기독교 전통은 이 소원(疎遠)과 쇠락의 느낌을 표현하는 데 도움이 될 이미지를 오랫동안 사용해 왔다. '타락'이라는 이미지는 우리의 곤경에 관한 다양한 성경적 개념들을 종합하려고 한다. 그것은 우리가 우리의 처지를 생각할 때 반드시 따라오는 불행과 비극의 느낌을 전달하고자 한다. 예수의 십자가형은 우리가 얼마나 깊이 타락했는지 보여 줄 뿐이다. 우리는 하나님이 자기 피조물을 찾아오기로 하신다면 우리가 두 팔 벌려 그분을 환영하며, 그분을 위해 환영회를 열 것이라고 생각하고 싶어 한다. 정부가 내방하는 국가 원수를 위해 그렇게 멋진 연회를 제공하듯이, 우리도 분명 하나님을 위해 같은 일을 할 것이라고 말이다. 그것이 이상이라면, 슬프게도 현실은 다르다. 하나님은 자신의 세계를 찾아오셨을 때 바로 자기 백성에게 사로잡혀 죽임당했다. 간략하게만 돌아보아도 우리는 인간의 본성이 얼마나 타락했으며 얼마나 회복이 필요한 상태인지 깨달을 수 있다. 뿐만 아니라, 이를 통해 십자가가 우리의 필요와 어떻게 관련되는지 명쾌하게 통찰할 수 있다.

감옥

억류를 중심으로 하는 것보다 더 강력한 절망의 이미지는 별로 없다. 이집트에서 투옥된 요셉, 이집트의 포로가 된 이스라엘, 유대인들의 바벨론 유수 등. 이 모두가 자유를 향한 아쉬운 갈망과 결부되어, 처한 상황에 대해 비극적인 절망감을 불러일으킨다. 보이지 않는 악의에 찬 세력에 의해 형성되고 지배당하는 느낌은 인간의 죄를 강력하고 명쾌하게 표현해 준다. 이집트나 바벨론 같은 외세에 의해 이스라엘이 정치적 지배를 받는 것이 한 가지 예다. 또 다른 예는 예수가 살던 당시 갈릴리 이곳저곳에서 귀신 들린 사람들의 모습이다. 죄는 우리의 삶에 억압적인 영향력을 행사할 수 있는 어떤 권력, 숨은 세력과 같았다. 그리고 그에 대해 아무것도 할 수 없음을 알게 되면 이 무력감을 견딜 수 없어진다.

이러한 이미지들은 인간의 상황이 허망하다는 강렬한 느낌을 불러일으킨다. 자신의 상황을 바꿀 수 없는 인간의 무력함이라는 주제는 구약성경 전반에 두루 울려 퍼지며, 속량과 구원, 갱신을 위해 주님께 의지할 필요성을 강조한다. 예수 그리스도의 십자가와 부활은 이 오래 기다리고 바란 구원의 행위들을 정확히 나타낸다.

그렇다면 이 구원 행위들을 어떻게 이해해야 할까? 신약성경은 구약성경에 나오는 거룩한 구원 행위들의 긴 목록을 인용하고 확장한다. 하나님은 자기 백성을 이집트의 노예 신세에서 구원하기 위해 행동하셨다. 그리고 자기 백성을 바벨론 유수에서 귀환시키기 위해 행동하셨다. 이제는 예수 그리스도의 십자가와 부활을 통해서 다시 행동하신다. 어떤 의미에서, 속박에서의 해방이라는 동일한 양식이 반복된다. 19세기 미국 남부의 노예들은 출애굽 이야기를 되새기며 크나큰 위안과 희망을 발견했다. 언젠가 그들 역시 노예 신세에서 구출될지도 몰랐다. 그렇지만 또 다른 의미에서도 매우 중대하고 새로운 진전을 감지할 수 있다. 예수의 십자가와 부활은 인간이 처한 곤경의 핵심에 침투하여 우리를 사로잡는 세력망에서 우리를 해방시킨다.

하나님은 이스라엘을 이집트의 포로 신세에서 구출하실 때 매우 구체적인 억압 세력에게서 자유하게 하셨다. 오늘날에는 모든 사람이 이집트에 억류되어 있지는 않다. 출애굽은 (미국 남부의 노예제 혹은 라틴 아메리카의 가난처럼) 다른 억압적 상황에서의 해방을 위한 모형으로[11] 이해될 수 있다. 하지만 그렇다고 우리의 구원을 순전히 정치적이고 사회적인 관점에서만 생각해서는 안 된다. 구원에 대한 어떤 믿을 만한 기독교적 이해든 이 관점이 중요한 요소이긴 하지만, 진정한 구원에는 정치적 해방 이상이 있다는 점이 주요하다.

십자가와 부활은 인간 상황의 부가적이고 더 깊은 문제들을 다룬다. 그것들은 이집트나 바벨론이라는 구체적인 상황들을 넘어서, 애초에 그런 상황을 일으킨 좀더 근본적인 세력들의 정체를 밝힌다. 권력에 대한 인간의 갈망이나, 하나님과 멀리 떨어지려는 욕망 같은 세력들 말이다. 하나님을 전적으로 신뢰하기 꺼려하는 것이나 죽음에 대한 만연한 인간적 공포 또한 포함할 수 있다. 곧 어떤 특정한 역사적 상황에 국한되지 않는, 타락한 인간 본성의 영속적인 특징들이다.

인간 본성을 순진하게 이해한다면, 이스라엘이 이집트에서 구출되어 약속의 땅에 정착하기만 하면 모든 게 마냥 좋기만 하리라고 생각할지도 모른다. 이스라엘 백성의 역사에 전성기가 밝아 올 것이라고 말이다. 하지만 조금도 그러하지 않았다. 특히 아모스나 호세아 같은 구약성경의 예언자들이 아주 분명히 밝히듯이, 이스라엘은 하나님에 대한 의무를 망각하고 이내 편안한 자기중심의 길에 빠졌다. 이스라엘은 외세의 압제에서는 잠시나마 해방되었을지 모르나 곧 다른 세력에 사로잡히게 되었다. 아모스가 분명히 지적하듯, 죄는 이스라엘 외부의 사람들에게만 영향을 끼치는 것이 아니다. 죄는 하나님의 백성에게 지속적으로 영향을 준다.

그리하여 핵심적인 질문이 마음속에서 형성되기 시작한다. 우리를 총체적으로 사로잡는 이 근본적인 세력에게서 해방될 수 있는 무슨 방법이 없을까? 우리는 하나님 자녀의 영광스러운 자유를 충분히 누리지 못하도록 하는 죄의 지배에서 벗어날 수 있을까? 하나님이 아주 오래전, 머나먼 어떤 나라에 포로로 잡힌 이스라엘을 자유하게 하려고 행동하셨을 수는 있다. 그러나 지금 여기 있는 우리에게는 어떨까?

신약성경은 죄의 지배에서 우리를 해방하시는 하나님의 능력과 의도가 십자가와 부활을 통해 나타난다고 단언하고 있다. 십자가의 이러한 측면을 탐구하는 데 강력하고 효과적인 일련의 이미지가 사용된다. 두 가지가 특히 중요한데, 바로 '대속물'(ransom)과 '속량'(redemption)이다. 이제 이 이미지들을 하나씩 살펴보자.

마가복음은 이제껏 쓰인 가장 감동적인 문학 작품들 가운데 하나다. 부분적으로 그 효과는 마가가 제자들의 연약함을 애정 어린 방식으로 묘사하는 데서 나온다. 예수의 공적인 사역의 모든 중요한 순간에 그의 편에 서 있었지만, 그를 이해하는 데 **여전히** 어려움을 겪는 사람들이 여기 있다고 말하고 있는 것 같다. 그렇지만 마가는 제자들을 비난하지 않는다. 하나님의 신비로운 방식들을 여간해서 이해하지 못하고, 자기들의 오랜 방식이 도전받는 것을 달가워하지 않는 모습을 보면 그들이 우리를 대표하는 것 같다는 암시를 준다. 가장 분명한 사례는 예수가 십자가 위에서 고난받고 죽을 것이라는 예언에 관한 반응일 것이다.[12] 메시아는 아마도 승리를 거두며 정복하는 영웅일 거라고 확신했기에, 제자들은 예수의 고통과 죽음이라는 개념을 자신들이 감당할 수 없음을 알게 된다. 왜 그런 일이 일어나야 하나? 그것은 어떤 목적을 위한 것일까?

"인자가 온 것은 섬김을 받으려 함이 아니라 도리어 섬기려 하고 자기 목숨을 많은 사람의 대속물로 주려 함이니라"(막 10:45)고 선언할 때, 예수는 이러한 무언의 질문들을 예상했을지도 모른다.[13] 이 말씀은 어떤 개념들을 연상시키는가? '대속물'이라는 이 이미지는 어떤 생각들을 유발하는가? 세 가지 개념이 바로 떠오른다.

1. **해방**. 대속물(몸값)은 억류된 사람의 자유를 얻어 내는 것이다. 누군가가 납치되어 몸값이 요구될 때, 그것을 지불하면 해방이 뒤따른다. 이와 같이 예수의 죽음을 대속물로 이야기하는 것은 포로들의 석방, 사람들의 해방, 투옥 기간의 종결을 가리킨다. 우리는 죽음에 대한 두려움과 죄에 매인 상태에서 놓여났다(롬 8:2; 히 2:15).

2. **지불**. 몸값은 한 개인의 해방을 얻어 내려고 지불하는 금액이다. 억류된 사람이 중요하면 할수록 지불해야 할 대가는 더 커진다.[14] 신약성경은 그리스도의 죽음이 우리의 해방의 대가라

고 선언한다.[15] 이로 인해 우리는 우리를 속량하는 대가가 크다는 것을 자각하게 된다. 우리가 놓임을 받아 충만하고 자유로운 삶을 이룰 수 있도록 하나님의 아들이 죽었다.

3. **몸값을 지불하는 대상**. 몸값은 보통 개인을 억류한 사람이나 그의 대리인에게 지불된다. 그런데 신약성경에는 예수의 죽음이 우리의 해방을 이루기 위해 (악마와 같은) 누군가에게 지불된 대가라고 암시되어 있지 않다. 그러나 최초 4세기 동안, 몇몇 작가들은 이 비유를 한계치까지 밀어붙일 수 있으리라고 생각했다. 그들은 하나님이 해방의 대가로 예수를 내줌으로써 우리를 악마의 위력에서 구원하셨노라고 선언했다. 그렇지만 이 개념에는 성경적 근거가 없다. 그것은 예수 그리스도의 죽음의 의미에 대한 신약성경의 이해를 심각하게 왜곡하는 것이다. 비유를 억지로 한계치까지 끌고 가다 보니 깨어져 버린 셈이다. 하지만 비유 자체에는 아무런 잘못이 없었다. 문제는 성경에 입각하고자 하면서도 성경이 우리에게 말하는 바를 넘어서려던 이들에게 있었다.

그러므로 비유가 깨어져 우리를 호도하기 전에 그것을 얼마나 멀리 밀고 나가도 되는지 생각해 보는 게 중요하다. 몸값이라는 비유는 책임 있게 쓰이면 매우 유용하다. 그러나 너무 멀리 나아가면 오해를 일으키게 된다. 그렇다면 비유를 너무 멀리 밀고 나가고 있다는 걸 어떻게 자각할 수 있을까? 다행스럽게도 이 어려움은 결코 얼핏 보이는 것만큼 대단하지는 않다. 성경에는 속량에 관한 비유가 많은데, 그 모두가 결합하여 그리스도가 우리를 위해 행하신 모든 일에 대한 믿을 만한 그림을 형성한다. 그리고 이 비유들은 상호작용을 하는데, 서로를 제한하며 각 비유가 적절하게 해석될 수 있도록 한다. 어느 하나라도 너무 멀리 밀고 나가면, 그 비유들 모두가 표현하는 신념의 공통된 핵심을 빗겨 가게 된다. 우리가 두 번째로 살펴볼 속량의 이미지에서도 이와 동일한 점이 눈에 띈다.

속량은 많은 그리스도인들이 별 생각 없이 자주 사용하는 단어다. 이 단어는 실제로 무엇을 의미할까? 그 배경이 되는 헬라어는 '시장에서 치우다'와 같이 번역될 수 있다. 이 뜻은 이미지가 그려 내는 구체적인 배경을 모르면 별로 도움이 되지 않는데, 그 맥락이란 바로 노예의 해방, 곧 노예가 '시장에서 치워지는' 것을 가리킨다. 그는 더 이상 상품으로 취급받지 않는다. 그 대신 그는 자유와 함께 인간으로서의 존엄성을 얻는다. 이렇게 속량의 이미지는 노예 신세에서 해방될 때 따라오는 자유의 기쁨과 개인적인 존엄의 성취를 곧바로 연상시킨다. 속량받는 것은 물건이 아닌 사람으로 취급받는 것이다. 땅의 노예보다는 천국 시민이 되는 것이다.

4. 십자가의 이미지들

그런데 고대 사회에서 노예는 중요한 상품이었다. 그래서 그들의 해방을 위해서는 누군가 비용을 부담해야 했다. (이는 노예 해방이 어째서 아예 일어난 적 없는 사건은 아니었지만 상대적으로 드물었는지를 설명해 준다.) 이와 같이 속량의 이미지 또한 지불의 필요성을 암시한다. 속량에는 많은 비용이 든다. 노예의 능력이 훌륭할수록 주인에게는 더 큰 손실이 생기므로 속량을 위해 필요한 지불액도 커진다. 십자가를 이해하기 위해 속량의 이미지를 사용할 때 신약성경은 두 가지를 동시에 강조한다. 우선은 속량의 값비싼 대가다. 우리가 속량받으려면 하나님의 아들이 죽어야 했다. 둘째로는 하나님이 자기 부담으로 우리의 자유를 구매할 의무를 지신 아량이다. 하나님은 우리의 속량 비용을 부담하시며 우리에게 자유와 존엄을 선물로 주신다.

그런데 지불되는 대가를 받는 노예 소유주는 존재하는가? 우리는 누구로부터 속량되는가? 신약성경은 이 질문에는 침묵한다. 비유는 깨어졌다. 비유를 더 멀리 밀고 나가는 것은 왜곡과 오해의 위험을 감수하는 것이다. 책임 있는 신학이라면 추론에 한계가 있음을 받아들인다. "바보들은 천사들이 디디기를 꺼려하는 곳에 몰려든다"는 속담에는 신학적 지혜가 다분하다.

마지막으로 감옥의 이미지를 좀더 생각해 보자. 어떤 유형의 인상과 연상이 떠오르는가? 이런 것들이 불현듯 우리 뇌리를 스치고 지나갈 수 있다. 먼저 바깥세상과는 단절된 채 어두운 감방에 갇혀 있다는 의미일 수 있다. 이 고립은 희망 없음과 절망으로 이어진다. 또 묶여 있거나 사슬과 족쇄가 채워져 있음을 의미할 수도 있다. 요컨대 외로움과 속수무책, 희망 없음의 이미지다. 그러나 이 모두는 복음으로 변화된다. 우리 삶의 옥문이 활짝 열리고, 우리는 자유로운 남자와 여자로서 한낮의 빛 속으로 걸어 들어가도록 초대받는다. 찰스 웨슬리(Charles Wesley)는 그의 유명한 찬송가 "그럴 수 있는가?"(And can it be?)에서 이 모습을 인상적으로 표현하는데, 이 주제에 대한 우리의 고찰을 마무리하기에 안성맞춤이다.

> 나의 갇힌 영혼은 오래도록
> 죄와 본성의 밤에 단단히 매여 있었네
> 당신의 눈이 기운을 돋우는 광선을 발산하여
> 나는 깨어났고 지하 감옥은 빛으로 타올랐네
> 사슬이 풀려 떨어지고 마음이 자유하게 되었네
> 나는 일어나 나가서 당신을 따랐네.

병원

성경에서 치유는 보통 구원의 이미지로 사용되곤 한다. 다시 말해, 누군가가 건강을 되찾도록 회복시키는 과정은 그리스도가 십자가와 부활을 통해서 우리를 위해 성취하시는 바에 대한 하나의 비유다. 예수의 치유 기적들은 마치 어떤 영적인 쇼맨의 행위처럼 변덕스럽거나 힘을 무의미하게 과시하는 것처럼 보이지 않는다. 대신에 그것들은 그리스도가 십자가 죽음과 부활을 통해 성취할 것과 일관된 현상을 일으킨다. 또 상처 입고 죄 많으며 연약한 남자들과 여자들이 온전하게 회복되는 결과를 가져온다. 그리고 십자가를 기독교적으로 이해하기 위해서는 이와 동일한 회복이 필수적이다. 치유와 구원의 개념들은 서로 밀접하게 연관되어 있다. 우리는 죄로 인해 상처받았으며 치유될 필요가 있다.

그런데 '치유'(healing)와 '구원'(salvation)이라는 단어 자체는 서로 전적으로 무관해 보인다. 여기서 중요한 점을 발견할 수 있다. 성경 번역자들은 온갖 문제들에 직면한다. 가장 어려운 문제 가운데 하나는 한 가지 이상의 의미를 가진 헬라어 단어들을 번역하는 것이다. 대표적인 예로 니고데모를 향한 예수의 유명한 대답을 들 수 있다. "사람이 거듭나지 아니하면 하나님의 나라를 볼 수 없느니라"(요 3:3). 여기서 '거듭'(anōthen)으로 번역된 헬라어 단어에는 '다시'와 '위로부터'라는 두 가지 근본 의미가 있어서, 이 구절의 번역자들은 부득이하게 두 가지 가능성 모두에 대해 언급하는 각주를 삽입하게 된다. 그런데 어떤 것이 옳고 어떤 것이 그른가? 어떤 것이 원래 의도된 의미일까? 사실

두 가지 모두였을 가능성이 다분하다. 다시 태어나는 것은 위로부터 태어나는 것이다. 우리의 첫 출생은 지상의 자연적인 사건이며 아래로부터 일어난다. 우리의 두 번째 출생은 천상의 영적인 사건이며 위로부터 일어난다.

복음서들에서 구원의 개념을 나타내기 위해 자주 사용되는 헬라어 동사에도 같은 문제가 발생한다. 누가복음 7:50을 예시로 들 수 있다. 예수는 여기서 '죄 많은 삶을 살았던 여자'(37절)에게 말한다. "네 믿음이 너를 구원하였으니 평안히 가라." 그러나 여기서 '구원하다'라고 번역된 헬라어 동사 소제인(*sōzein*)은 '치유하다' 혹은 '온전케 하다'를 포함해 다양한 의미를 지니고 있다. 문제의 구절은 '네 믿음이 너를 온전케 하였으니' 혹은 '네 믿음이 너를 치유하였으니'라는 문장으로도 잘 번역될 수 있다.[16]

그렇다면 치유의 이미지는 우리가 십자가를 이해하는 데 어떤 도움을 줄까? 첫째, 그것은 그리스도의 고난이 지닌, 변화를 일으키는 힘을 긍정한다. 우리가 나음을 받는 것은 그의 상처로 인함이다(사 53:5). 우리는 다음 장에서 이 주제를 더 깊이 탐구하게 될 것이다. 둘째, 치유의 과정 자체가 복음을 위한 효과적인 시각 자료임을 말해 준다. 그 이미지는 하나님이 죄로 인한 우리의 상처들을 싸매시고 영적인 병약함을 치유하시는 방식을 조명한다.

치유에 대한 가장 깔끔한 정의는 아마도 **건강한 상태로의 회복**일 것이다. 다시 말해, 병은 바이러스의 침입이나 신체 장기의 기능 부전 때문에 건강한 상태에서 벗어난 것에 해당한다. 우리는 보통 때의 건강한 상태와 비교해 무언가 잘못된 것을 알아차릴 때 우리가 병들었음을 깨닫는다. 우리가 모든 게 다 좋지는 않음을 발견할 수 있도록 해 주는 하나의 기준, 하나의 규범이 있다. 복음은 우리가 죄 많은(병든) 존재이며 구원(치유)이 필요하다고 말해 준다. 우리의 현재 모습은 원래 의도된 바가 아니다. 우리는 병들었다. 그렇지만 갈보리의 상처 입은 의사의 친절한 보살핌에 자신을 맡긴다면 건강해질 수 있다. 그리고 약속에 대한 하나님의 신실하심 덕분에, 또한 그리스도가 십자가에서 성취한 것의 효과 덕분에, 우리는 비록 지금은 병들었지만 언젠가 다시 온전해지리라 기대할 수 있다. 마르틴 루터가 특히 이 점을 잘 짚었는데, 그는 다음과 같이 썼다.

> 그것은 마치 아픈 사람이 완전한 회복을 약속하는 의사를 믿는 것과 같다. 그사이에 그는 약속된 회복을 기대하며 의사의 지시를 따른다. 그리고 약속된 대로 건강해지는 것을 어떻게든 방해받지 않도록 의사가 그만두라고 한 것들을 삼간다.…이제 이 환자는 건강한가? 사실 그는 아픈 동시에 건강하다. 그는 현실적으로 병들어 있으나, 자신을 이미 나은 것으로 간주하는, 그가 신뢰

하는 의사의 확실한 약속에 근거하여 건강하다.[17]

이 이미지는 또한 그리스도인이라는 유형의 사람들에 대해 생각하도록 돕는다. 아우구스티누스는 교회를 병원에 비유한 적이 있다. 교회는 자신의 죄를 기꺼이 인정하고, 자신을 맡아 돌보는 의사들의 능력을 기대하고 신뢰하려는 마음으로 연합된 병든 이들의 공동체다. 기독교 비평가들은 믿음이 목발과 같다고 말하곤 한다. 믿음이란 부족한 사람들이 기대는 어떤 것이라는 의미다. 그들은 그리스도인들이 도움 없이는 삶을 헤쳐 나가지 못하는 부족하고 연약한 이들이라고 일축한다.

그러나 다리가 부러지면 목발이 필요하다. 그것에 대해 솔직히 인정하는 편이 낫다. 복음은 **모두**가 죄를 지었다고, **모두**가 하나님의 영광에 미치지 못했다고, 비유를 계속 사용하자면 **모두** 다리가 부러졌으며, **모두**에게 목발이 필요하다고 선언한다. 우리가 죄인이 아닌 척하는 것은 이미 모든 증상이 나타났는데도 패혈증에 걸리지 않은 척하는 것만큼이나 상식적이지 않다. 이렇게 부인하는 것은 체면을 살릴지 모르지만 생명을 살릴 수는 없다. 병을 인정하는 것은 치유를 위한 전제 조건이다. 병을 인정하지 않고는 생명을 살리는 약과 치료를 처방받지도 못한다. 죄의 인정 없이는 신적인 용서도 없다.

그리스도인들은 자신에게 도움과 돌봄이 필요하다고 인정하는, 정직함과 진실함을 가진 이들일 따름이다. 더욱이 그들은 하나님의 은총을 통해 그리스도 안에서 도움과 돌봄을 발견했다는 사실을 기뻐한다. 신약 시대에도 그리스도인이 되는 사람들에 대한 불평이 있었다.[18] 하나님이 세상의 약하고 어리석은 자들을 부르신다니 얼마나 터무니없는가! 그러나 예수가 상기시켜 주듯, "건강한 자에게는 의사가 쓸데없고 병든 자에게라야 쓸 데"(막 2:17) 있다. 자신이 병들었으며 복음이 줄 수 있는 그런 치료가 필요하다고 인정하려면 용기가 필요하다.

그런데 이 십자가의 이미지는 우리를 맡아 돌보는 의사의 자격을 우리가 신뢰할 수 있게 해 주기도 한다. 구약성경의 가장 감동적인 구절들 가운데 하나님의 종의 고난에 관한 예언(사 53:1-12)이 있다. 다름 아닌 이 종의 고난을 통해서 다른 이들이 온전하게 된다. 기독교회가 이 구절을 십자가에 달린 예수의 고난에 비추어 읽게 되면서, 이 신비에 싸인 수난자의 정체에 관한 수수께끼가 갑자기 사라졌다. 십자가 처형을 목격한 사람들은 이 예언이 그들의 눈앞에서 성취되는 것을 보았다.

그는 실로 우리의 질고를 지고
우리의 슬픔을 당하였거늘
우리는 생각하기를 그는 징벌을 받아
하나님께 맞으며 고난을 당한다 하였노라.

그가 찔림은 우리의 허물 때문이요

그가 상함은 우리의 죄악 때문이라.

그가 징계를 받으므로 우리는 평화를 누리고

그가 채찍에 맞으므로 우리는 나음을 받았도다.

이 구절에서 분명하게 떠오르는 주제는 간단하다. 바로 그리스도가 우리의 슬픔, 두려움, 형벌을 떠맡았다는 것이다. 십자가에 달려 죽어 가는 그리스도를 통해, 타락한 인류의 뿌리 깊은 문제들이 드러나고 다루어지는 것을 볼 수 있다. 그리고 그 타락한 인간 본성의 모든 결점과 약점을 공유하는 우리는 십자가를 깊이 생각함으로써 통찰과 영감을 얻을 수 있다.

같은 맥락에서 카를 융(Carl Jung)의 구절 하나가 떠오른다. "상처 입은 의사만이 치유할 수 있다." 그리스도는 갈보리의 상처 입은 의사다. 그는 우리의 인간적 상황 가운데 들어와 불행과 상처에 함께함으로 우리를 치유한다. 그리고 이렇게 함으로써 그를 따라 이 길을 지나는 이들에게 새로운 희망과 의미를 준다. 하나님이 그리스도 안에서 고통당하셨음을 아는 것은 크나큰 위안이 된다. 하나님이 인간 됨의 기쁨과 비애를 이해하신다는 걸 알게 되면, 그 의사의 돌봄에 우리 자신을 맡기는 일이 쉬워진다. 우리는 자신 있게 그와 관계할 수 있다. 어째서일까? 그가 우리보다 앞서 우리의 길을 지나갔기 때문이다. 그는 우리의 질고와 고통에 함께했다.

내 친구 하나는 천식을 앓는다. 그는 언제나 지역 의료센터의 같은 의사에게만 진찰을 받는다. 그는 "모두들 내가 마치 별 것 아닌 일에 유별나게 구는 것처럼 취급하는데 이 사람은 나를 이해해 준다"고 했다. 왜냐하면 그 역시 천식 환자이기 때문이다! 그런 의사에게라면 동정 어린 반응, 참된 연민, 그리고 치료 가능성에 대한 현실적인 인식을 확실하게 기대할 수 있다. 어떤 문제를 직접 겪어 본 사람은 같은 문제를 헤쳐 나가는 타인들의 필요에 매우 쉽게 공감할 수 있다. 여기에는 생생한 신학적 통찰이 깃들어 있다. 우리가 십자가를 통해 우리를 치유하시는 하나님을 신뢰할 수 있다고 느끼는 이유다.

마지막으로, 치유에는 시간이 걸릴 수 있음을 알아야 한다. 치유 과정이 일어나고 있지만 우리는 일종의 중간 상태에 있다. 우리는 아직 건강하지 않다는 점에서 병들었으며 동시에 회복으로 나아가고 있다는 점에서 건강하다. 회복 중인 사람에 대해 아픈 동시에 건강하다고 생각할 수 있는 것처럼, 용서받은 신자들에 대해 죄 많은 동시에 의롭다고 생각할 수 있다. 루터는 이렇게 주장한다.

그러므로 그러한 사람은 죄인인 동시에 의인이다. 그는 현실적으로 죄인이나, 그를 완전히 치료하게 될 때까지 계속해서 죄로부터 구원하시리라는 하나님의 확실한 전가(imputation)와 약속에 의해 의롭다. 그러므로 그는 희망 안에서는 아주 건강하지만 현실에서는 죄인이다.

그렇다면 죄나 의심이 반드시 믿음의 상실이나 하나님에 대한 불완전한 헌신의 징후는 아니다.[19] 오히려 그것은 죄에 대항해 계속되는 우리의 현실적인 분투를 반영하는 것일 수 있다. 이는 칭의와 갱신의 과정에서 필수적인 요소다. 이 점에 대해 루터의 말을 최종적인 발언으로 삼아 보자. "우리는 원래 죄인이지만, 믿음을 통해 하나님이 우리 죄를 전가하셨으므로 의롭다. 구원하기로 약속하시는 그분을 우리가 신뢰하기 때문이다. 그런 가운데 우리는 죄에 휩싸이지 않도록 분투한다. 하나님이 마침내 우리에게서 죄를 거두어 가실 때까지 그것에 맞서려고 노력한다."

이상이 구원의 다섯 가지 이미지다. 이 이미지들은 십자가와 부활의 의미에 접근하는 것을 가능하게 하고, 우리로 하여금 십자가와 부활이 세상과 우리 자신에 대한 전망을 어떻게 변화시키는지 발견할 수 있게 해 준다. 각 이미지는 삶의 서로 다른 측면을 조명하며, 복음에 대한 우리의 이해와 선포에 독특하고도 필수 불가결한 기여를 할 수 있다. 이 이미지들은 우리가 믿음을 통해 우리에게 일어난 일을 이해하도록 돕는, 자기 백성에게 주시는 하나님의 선물이다. 그리고 하나님이 그리스도 안에서 이미 이루신 바에 관한 놀라운 소식을 우리가 세상에 알리는 데 도움을 준다. 또한 그분이 저 지치고 곤한 세상을 향해 여전히 행하실 수 있는 바를 예시(豫示)한다. 십자가는 변화를 일으킨다. 대대적인 변화를 가져온다.

5
십자가에서 이루어진 일
변화되는 이는 하나님인가 우리인가?

십자가와 부활은 세계사에서 새로운 시대의 시작을 나타낸다. 소크라테스는 위엄 있게 죽는 법을 보여 주었을지 모르지만, 예수 그리스도는 희망 안에서 죽는 법을 보여 준다. 십자가를 이해하는 데는 변화의 이미지가 중심이 되는데, 앞에서는 치유와 같이 이 변화를 구체적인 이미지로 그려 내는 여러 방식을 탐구했다. 그런데 이야기된 내용의 많은 부분에 잠재되어 있었지만 직접적으로 검토해야 할 질문이 하나 있다. 하나님과 우리 중, 십자가로 인해 변화되는 이는 누구일까?

십자가에 대한 **주관적인** 접근과 **객관적인** 접근을 구별하는 것으로 이 질문에 대한 답을 시작할 수 있다. 십자가에 대한 주관적인 이해에 따르면, 십자가는 우리를 변화시킨다. 사물에 대한 우리의 지각이 바뀐다. 변하는 것은 상황이 아니라 우리가 상황을 보는 방식이다. 반면 객관적인 이해에 따르면, 십자가에 의해 어떻게든 영향을 받는 이는 하나님이다. 우리 밖의 상황이 십자가로 인해 변한다. 상황에 대한 우리의 지각뿐 아니라 상황이 바뀐다. 이 구별이 좀더 분명하게 드러나도록 각각의 예들을 살펴보자.

때때로 '도덕적' 또는 '모범적' 관점이라 불리는 순전히 주관적인 접근이 있다. 이 접근은 19세기 합리주의 계열에서 특히 유행했는데, 내용은 이렇다. 십자가는 우리가 하나님에 대해 생각하는 방식을 바꾼다. 하나님이 실제로 어떤 분인지 보여 줌으로써 우리를 교육한다. 그저 알아서 하도록 방치되었다면 우리는 하나님이 누구시고 그가 어떤 분인지에 대해 이해하기가 매우 혼란스러웠을 것이다. 십자가는 하나님에 대한 그릇된 이해에서 우리를 해방시킨다는 점에서 교육적이다. 예컨대, 우리는 하나님이 우리를 사랑하시지 않는다고 여길 수도 있다. 하지만 십자가의 선포는 그와 다르며, 따라서 상황에 대한 우리의 지각이 변화한다.

한편 크리스투스 빅토르 속죄론(the Christus Victor theory of the atonement)이라 불리는 이론은 십자가에 대한 순전히 객관적인 접근의 예를 제공한다. (크리스투스 빅토르는 '승리자 예수'를 뜻한다.) 이것은 중세 초기에 특히 유행한 십자가관(觀)으로, 그리스도의 부활을 통해 하나님이 사탄을 누르고 얻으신 승리를 강조한다. 이 강력한 이미지는 많은 이들에게 유용하게 여겨진다. 하지만 그 이론에는 결점이 있다. 주된 것은 구속에 있어서 인간의 역할에 관한 것인데, 마치 우리가 하나님과 사탄이 싸워 얻으려 하는 상(賞)에 지나지 않는 존재로 취급되는 경향이 있다. 인간이 아닌 전리품으로 이해되는 것이다. 하나님이 승리한 결과 상황은 바뀌어, 우리는 더 이상 사탄의 권위 아래 있지 않고 하나님의 지배 아래 있다. 그러나 우리는 바뀐 상황에 별 영향을 받지 않는다. 여전히 소유물로 취급되고 있기 때문이다.

이 두 접근 모두가 부적절함은 자명하다. 십자가에 대한 책임 있는 접근들은 십자가가 상황 및 우리가 상황을 보는 방식 모두를 변화시킨다는 신약성경의 주장에 충실하게 머무른다. 십자가에는 객관적이고 주관적인 측면이 모두 있다. 우리와 하나님의 관계는, 우리의 하나님 경험이 그러하듯 십자가에 의해 변화한다. 십자가는 안팎으로 영향을 준다. 두 가지 비유를 참고로 하여 이 점을 탐구해 보겠다.

첫 번째 비유는 카를 마르크스의 저작들, 특히 1844년의 『경제학-철학 수고』(*Economic and Philosophical Manuscripts*, 이론과실천)에서 뽑은 것이다. 이것은 언뜻 보기에 예상 밖의 자료로 보일 수도 있지만, 기독교 신앙을 변호하고 정당화하려는 당대의 시도들에 있어서 상당한 가치를 지니고 있다. 마르크스는 인간의 상황을 **소외**로 특징지을 수 있다고 주장한다.[1] 그는 서로 다른 두 종류의 소외를 구별한다.[2] 첫째는 자신의 권리와 자산으로부터의 소외로, 일종의 **객관적** 소외다. 우리는 소외되어 있다. 둘째는 **주관적인** 것으로, 좀더 심리적인 혹은 실존적인 유형의 소외다. 우리는 우리 자신으로부터 소외감을 느낀다. 마르크스의 통찰은 상당히 단순하다. 소외되어 **있기** 때문에 소외감을 **느낀다**는 것이다. 자신의 사회 경제적 상황이 비참하면, 그 때문에 상심하게 될 것이다.

마르크스는 이어서 사회 경제적인 혁명의 정당성을 주장한다. 우리는 그 주장 가운데 일부에 관심이 있다. 그는 우리가 감정들을 아무리 많이 손본다 해도 문제를 해결하지 못할 것이라고 단언한다. 그 감정들은 좀더 깊은 문제의 징후일 뿐이며, 그 문제는 정서적인 치료만으로는 해결되지 못한 채로 남는다. 억압받고 착취당하면 소외감을 느끼게 되는데, 이 소외감을 제거할 유일한 길은 자신의 사회 경제적인 상황을 변화시키는 것이다. 객관적인 변화가 주관적인 변화를 초래할 것이다.

보다 덜 이론적인 비유를 통해 논지를 좀더 실질적으로 만들 수 있다. 당신이 심각한 빚을 진 상태라고 가정해 보자. 신용 카드 대금이 엄청나게 쌓이도록 놔두었거나, 대출을 받았는데 은행이 담보권을 행사하기로 결정했을지도 모른다. 혹은 가족 중 누군가에게 아주 멋진 휴가를 주고 싶어서 사채업자에게 거액의 돈을 빌렸을지도 모른다. 이제 당신은 심각한 문제에 빠져 있다. 채권자가 당장 빚을 갚을 것을 요구하고 있어서 당장 빚을 청산해야만 한다. 신용 카드 회사와 은행에서는 소송을 걸 기세다. 사채업자는 당신이 빚을 다 갚지 않는다면 물리적 폭력까지 행사할 것을 노골적으로 암시하고 있다. 그리고 아주 단순한 진실은, 당신이 빚을 갚을 수 없다는 것이다. 빚을 청산할 만큼 충분한 돈을 벌기 위해 할 수 있는 일이 전혀 없다. 마음 깊은 곳에서는 자신이 결코 빚을 갚을 수 없음을 **알고 있다**.[3]

어쩌면 당신은 그러한 위기를 거쳐 왔을지도 모르며, 이와 같이 고통스러운 곤경을 해결하려 애쓰는 친구 편에 서 봤을지도 모르겠다. 만약 결코 그러한 궁지에 몰린 경험이 없을 만큼 운이 좋았다면, 그러한 상황에서 어떻게 느낄지 상상해 보라. 우울하고 불안해할지도 모른다. 가망이 없고 속수무책이라는 느낌이 뒤섞인 넘치는 절망감에 휩싸일 수도 있다. 무력감으로 인해 멍해질 수도 있다.

이제 몇몇 친구들이 이러한 느낌들을 묘사하는 당신에게 귀를 기울인다면 당신이 어떻게 반응할지 상상해 보라. 마치 현대판 욥의 위로자들처럼, 그들이 다음과 같이 장광설을 늘어놓는다면 말이다. "기운 내! 넌 아무 문제도 없어! 그건 다 네 머릿속에 있어. 너는 망상에 사로잡혀 있는 거라고. 긍정적으로 생각하고 정신 차리고 살도록 해." 아마 당신은 무척 충격을 받을 것이다. 당신의 상황이 진짜가 아닌 상상의 것으로 취급당하고 있다. 그들은 당신의 정서적인 상태에는 객관적인 원인이 없다고 분명하게 말한다. 하지만 친구들이 진정으로 돕고자 한다면 당신을 빚에서 구해 낼 수 있을 것이다. 그들은 당신이 빚진 거액의 돈을 갚음으로써 객관적인 상황을 바꿀 수 있을 것이다. 그렇게 하면 당신의 기분은 나아질 것이다!

이 비유들은 매우 중요한 신학적 논점을 만들어 낸다. 우리는 하나님으로부터 소외되어 **있기** 때문에 하나님에게서 소외감을 **느낀다**. 우리는 그가 보시기에 죄가 **있기** 때문에 그의 앞에서 스스로 죄책감을 **느낀다**. 십자가의 의미에 대해 순전히 주관적으로만 접근하는 것은 불충분하다. 무엇인가 매우 중요한 것이 결여되어 있다. 그 관점은 십자가가 변화를 일으킨다는 매우 중대한 사실을 다루지 못한다. 앞서 주목한 치유의 이미지를 사용하자면, 당신이 심하게 아플 경우 그로 인해 우울해지기 쉽다. "곧 기분이 나아질 거예요. 걱정 말고 편히 쉬어요"와 같은 말로 당신에게 정서적 치유를 제공하지만 천천히 그러나 확실하게 당신을 죽이고 있는 그 질병은 다루지 못하는 이가 있다면, 그가 당신의 상태를 회복시켰다고 말할 수는 없다. 주관적인 확신은 사물의 객관적인 상태와 아무런 관계가 없다. 당신은 속고 있는 것이다.

십자가에 대한 책임 있는 접근은 이러한 측면들을 결합한다. 우리는 죄가 있기 때문에 죄책감을 느낀다. 그러나 우리는 십자가로 말미암아 용서받는다고 느껴 기뻐할 수 있는데, 실제로 우리가 십자가로 말미암아 용서받았기 때문이다. 우리 바깥에서 실제적인 변화가 있었으며, 그 변화는 우리의 하나님 경험에 실제적인 변화를 초래한다. 우리의 감정은 실제 상황과 일치하며, 하나님이 그리스도를 통해서 우리를 위해 하신 일 때문에 상황과 우리의 감정 모두가 변한다.[4] 이는 많은 그리스도인들을 괴롭히는 의심이라는 감정에도 적용된다.

십자가와 의심

그리스도인의 의심이란 무엇일까? 그것은 모든 것을 원칙적으로 의심하려 하는 회의주의가 아니다. 또한 기독교를 의도적으로 거부하려는 불신앙도 아니다. 의심은 죄와 같이 대부분의 그리스도인들에게 공통된 경험이다.[5] 왜일까?

기본적인 원인은 사물을 확실히 알고자 하는 인간의 욕망 때문이다. 우리는 모든 것에 관해 절대적으로 확신하고 싶어 하는데, 기독교 신앙도 예외가 아니다. 그렇지만 어느 누구도 하나님에 대해 이런 확실성을 가질 리 만무하다. 무신론자와 그리스도인은 신의 존재 여부에 대해 서로 아주 다르게 믿는데, 그들은 모두 자기 입장을 믿음의 문제로 간주한다. 어느 쪽도 자신의 입장을 확실히 입증할 수 없다. 이 점을 인식하면 의심에 대해 제대로 바라볼 수 있게 된다. 하나님에 대한 어떠한 믿음도 우리가 바라는 그런 강한 확신을 가지고 알 수가 없다. 그러므로 의심은 자연스럽다. 자신이 옳은 건지 궁금해하는 것은 이해할 만하다. 의심 때문에 걱정스러워질 정도까지 내버려 두지 않는 한 의심은 문제가 되지 않는다.

의심은 하나님에 관한 지적인 어려움이 아니라 보다 더 근본적인 것이다. 그것은 하나님을 신뢰하지 **않으려는** 인간의 근본적인 본성이다. 이 본성은 가까이에 있는 어떤 지적인 문제들과도 자연스레 결합한다. 하지만 진짜 문제는 하나님으로부터 돌아서려는 이 자기중심적인 본성 자체다. 의심은 인간의 정신적 문제라기보다는, 죄 많은 사람을 전적으로 사로잡아 그 사람을 하나님에게서 끌어내려는 세력 또는 힘의 표현이다.

그리스도가 십자가에서 성취하신 바를 나타내는 두 개의 이미지가 이를 이해하는 데 도움이 된다. 우선 전쟁터 이미지로 돌아가, 죄와 마찬가지로 의심을 적으로 생각해 보자. 사실 죄와 의심은 동전의 양면과도 같아서, 둘 다 적대적인 세력으로 그리스도인의 삶을 교란하려고 한다. 적군의 위협을 무력화하려고 애쓰는 군 사령관을 생각해 보자. 그는 필수 보급품인 탄약과 연료, 식량이 적의 부대에 도달하지 못하게 애쓸 수도 있다. 그 부대가 자원 결핍으로 고통받게 되면 곧 서서히 행군을 멈출 것이며 더 이상 심각한 위협이 되지 못할 것이다. 이와 같이 의심은 믿는 그리스도인과 하나님의 약속 사이를 틀어지게 하려고 한다. 군대는 식량 없이는 행군할 수 없다. 기독교 신앙은 하나님의 약속 없이는 전진할 수 없다. 의심이 우리로 하여금 하나님의 선함이나 약속을 지키시는 신실함을 불신하도록 함으로써 믿음의 식량에 굶주리게 하려고 애쓰는 것을 생각해 보라. 그 일이 성공한다면, 당신은 그리스도인의 삶을 계속 살아가기 위해 필요한 영적 자원들로부터 단절된 것이다.

그리스도는 십자가에서 죄와 죽음, 의심에 대해 삼중의 승리를 얻었다. 그리스도가 죽을 때의 장면을 상상해 보자. 사람들은 하나님이 개입하여 무언가 극적인 일을 하시리라 기대하고 있었다. 어쩌면 큰 무리의 천사들을 보내 그리스도를 십자가에서 옮기시리라 생각했을지 모른다. 하지만 그런 일은 일어나지 않았다. 예수는 하나님에게 버림받는다고 느꼈다. 그리고 그는 하나님이 개입하신다는 어떤 징후도 없이 죽었다. 죽음과 죄와 의심이 우위를 점한 것 같았다.

그러나 부활이 모든 것을 바꾸었다. 죽음은 승리에 삼켜졌다. 죄는 패배당했으며, 의심은 제자리를 찾았다. 십자가 죽음을 보고 사람들은 하나님이 거기 계시지 않는다고 생각했지만, 부활은 갈보리에서의 그분의 현존과 목적, 능력을 입증했다. 하나님의 약속이 의심을 이겼다. 그렇지만 분투는 계속된다. 그리스도인들은 여전히 죄의 위력, 우리의 죽음에 대한 확실하고 섬뜩한 인식, 의심의 습격과 씨름해야 한다. 앞에서 보았듯, 그리스도가 성취한 승리는 실재하지만 아직 우리 인간 세상에 충분히 들어오지 않았다. 복음에 대한 영적 저항의 중추는 부러졌을지 모른다. 그렇지만 저항, 곧 우리 안에서 버티고 있는 '옛 아담'은 여전히 남아 있다. 의심은 하나님에 대한 계속되는 저항의 징후이며, 하나님의 약속들을 좀더 충분히 신뢰해야 할 우리의 필요의 잔여분이다.

둘째로 도움이 되는 이미지는 병원에서 끌어낸 것이다. 언젠가 베티 맥도널드(Betty MacDonald)의 『전염병과 나』(*The Plague and I*)를 읽은 기억이 나는데, 그 책은 장기 환자들을 위한 요양원의 분위기를 기가 막히게 재현한다. 자기가 아프다는 것을 알게 된 맥도널드는 요양원에 입원한다. 그녀는 결국 완전히 회복되지만, 그렇게 되기까지는 긴 시간이 걸린다. 어느 날 병이 나고 다음 날 회복했다는 식이 아니다. 회복은 느린 과정이다. 환자는 '병들었다'고 말할 수 있는 자리에서 '건강하다'고 말할 수 있는 자리로 차츰 옮겨 간다. 질병의 증상들은 갑작스레 사라지지 않고 잔존한다. 하지만 그 패턴이 바뀐다. 빈도는 줄어들고 강도는 약해진다. 그럼에도 결코 완전히 사라지지는 않는다. 말라리아를 앓은 적이 있는 사람은 그 증상들이 '치료'되었음에도 불구하고 어떻게 다시 나타날 수 있는지 너무도 잘 알고 있다.

의심은 우리의 낡고 구속받지 못한 인간 본성의 증상이다. 그것은 우리 자신을 믿으려 하는 죄 많은 인간 성향의 특징을 나타낸다. 그리스도가 십자가와 부활을 통해 성취한 것으로 인해 우리의 상처 입은 본성이 치유받을 수 있다. 그러나 우리가 은총으로 치유되는 동안에도 병의 증상들은 계속된다. 우리는 여전히 죄인이다. 죄의 위력은 약해지고 있으며 그 현존도 줄어들고 있다. 그러나 그것은 아직 거기 있으며, 의심 또한 그러하다. 죄가 남아 있는 한 의심도 남아 있다. 하지만 별로 문제 삼을 필요는 없다. 그건 마치 관심을 끌려는 아이와 같아서, 관심을 주면 더 많은 것을 요구한다.

의심에 시달리는 이들에게는 태도에 문제가 있다고 할 수 있다. 그들은 그리스도인이든 무신론자든, 모든 사람이 생명에 관한 어떤 사실도 확실히 입증될 수 없는 세상에서 살고 있다는 사실을 인정하지 않는다. 그들은 어떤 것이 진지하게 받아들여지려면 의심의 여지 없이 입증되어야 한다는 생각에 사로잡혀 있다. 하지만 삶은 그런 게 아니다. 의심에 대처하는 비결은 그것에 대해 느긋하고 현실적인 태도를 취하는 것이다. 의심을 다소간 불가피한 것으로 여기고, 죄는 계속 현존하며 우리에게는 계속 은총이 필요함을 생각하자. 오랜 치유 과정이 앞에 놓여 있다. 우리의 병은 장기적이고 심각하지만 치명적이지는 않다. 그리스도가 십자가에서 성취한 것은 우리를 온전케 할 수 있다. 우리는 우리 안에서 착한 일을 시작하신 이가 언젠가 그 일의

빛나는 완성을 이루게 될 것임을 알고 자신을 그의 다정한 돌보심에 의탁하는 법을 배워야 한다.[6]

그렇다면 십자가는 우리의 상황에 대해 말해 주는 것 이상을 한다. 십자가는 기꺼이 우리의 상황을 변화시키려 한다. 심각한 병을 진단하는 의사는 그 병을 치료하려는 의지와 능력, 자원이 없다면 나쁜 소식만을 가져온다. 복음의 좋은 소식은 그것이 우리의 상황을 진단하고 나서 곧바로 상황을 변화시키실 하나님의 의지와 능력을 선포한다는 것이다. 그렇다면 우리는 어떻게 십자가와 연결되어 그것이 우리의 상황을 변화시키도록 할 수 있을까? 십자가는 어떻게 우리의 삶 안으로 뚫고 들어올 수 있을까?

6
십자가를 믿는 삶
그리스도를 닮아 가는 우리

아주 오래전 아주 먼 곳에서 일어난 일이 어떻게 오늘날의 우리와 관련될 수 있을까? 어떤 이론이 참되다고 믿는 것이 어떻게 삶을 바꿀 수 있을까? 어떤 것에 지적으로 동의해서 하나님이 보시기에 새로워지고 용서받아 일어서게 되는 일이 어떻게 가능할까? 요컨대, 우리는 십자가를 비롯해 그 모든 의미와 어떻게 연결될 수 있을까?

이 질문에 대답하기 위해서는 '믿음'이라는 짧지만 어려운 단어의 의미를 재발견할 필요가 있다. 많은 사람들이 기독교적인 삶을 사는 동안 믿음을 모종의 신념으로 취급하는 데서 더 나아가지 못한다. 믿음은 지적인 동의다. 그것은 어떤 것들이 참되다고 받아들이는 것이다. 하나님을 믿는 것은 하나님이 존재하심을 믿는 것이다. 십자가에 대한 믿음을 갖는 것은 십자가 사건이 실제로 발생했으며 누군가의 지나치게 활동적인 상상력의 산물이 아님을 믿는 것이다. 그리고 믿음에 대한 이 상식적인 개념에 따르면, 그것이 믿음이라는 내용의 전부다.

그러나 믿음이라는 기독교적 개념에는 이 피상적인 이해가 완전히 간과하는 깊이가 있다. 일상 언어에서 믿음이라는 단어는 계몽주의 사상의 영향을 심하게 받아서 '더 낮은 형태의 지식'과 같은 것을 의미한다. 하지만 기독교적으로는 훨씬 더 깊은 의미를 지닌다. 믿음에 대한 기독교적 이해에는 주된 요소가 세 가지 있다.

1. 믿음은 어떤 것들이 참되다고 믿는 것과 관련된다. 그러니 우리가 하나님을 믿는다고 말할 때, 우리는 최소한 그분의 존재를 믿는 것이다. 혹은 우리가 하나님의 약속들을 믿는다고 말한다면, 단지 그 약속들이 실제로 거기 있음을 인식하거나 받아들인다는 것을 의미할 수 있다. 이런 의미에서 믿음은 기본적으로 동의다. "나는 하나님을 믿는다"는 "나는 신이 있다고 믿는다" 혹은 "나는 하나님이 존재한다고 생각한다"와 같은 의미다. 이것은 필수적인 출발점이다. 우리는 하나님이 어떤 분인지에 관해 뭐라도 말하기에 앞서 우선 하나님이 계신다고 간주할 필요가 있다. 하지만 기독교 신앙 바깥에 있는 많은 사람들은 기독교적 믿음에 하나님의 존재에 대한 동의 이상이란 없다는 인상

을 갖고 있다. 기독교 신앙은 교리에 포함된 것 같은 진술들의 목록을 따라 내려가며 확인하는 것에 지나지 않는다는 것이다. 이는 본질적으로 믿음에 대한 부적절한 이해다.

2. **믿음은 신뢰다.** 하나님의 약속들을 믿는다고 말한다면 우리가 그것들을 신뢰한다고 선언하는 것이다. 그것은 이 약속들이 존재한다는 인정 이상으로, 우리가 그것들을 신뢰할 수 있으며 거기에 의지할 수 있다는 인식이다. 믿음은 마음은 건드리지 않고 놔둔 채 정신만을 깨우치는, 순전히 지적인 어떤 것이 아니다. 믿음은 하나님의 인격에 대한 우리의 전인격적 응답이다. 예수 그리스도에게서 드러나는 하나님의 압도적인 사랑에 대한 우리의 기쁨에 찬 반응이다. 모든 것을 떠나 예수를 따르는 단순한 응답이다. 예수 그리스도의 삶과 죽음, 그리고 부활을 통해 놀라운 일이 일어났다는 우리의 인식이자 일어난 일에 대한 응답이다. 믿음은 하나님이 우리를 사랑하심을 깨달으며 그 사랑에 응답한다. 믿음은 약속하시는 하나님을 신뢰한다. 그러나 믿음에는 이보다 훨씬 더 많은 것이 있다.

3. **믿음은 하나님의 약속들로의 진입이다.** 약속들이 존재하며 신뢰할 만하다는 것을 인정했다면 그에 따라 행동하는 일, 즉 그 약속들을 받아들이고 그로부터 유익을 얻을 필요가 있

다. 나는 하나님이 나에게 죄의 용서를 약속하고 계심을 믿을 수 있고 그 약속을 신뢰할 수 있지만, 내가 그 약속에 응답하지 않는 이상 용서를 얻을 수 없을 것이다. 믿음의 첫 두 단계는 세 번째 단계를 위한 길을 닦는데, 세 번째 단계 없이 첫 두 단계만으로는 불충분하다.

비유를 들어 이 점을 더 명확히 할 수 있다. 알렉산더 플레밍(Alexander Fleming)이 발견했으며 옥스퍼드에서 임상적 활용을 위해 최초로 제조된, 유명한 항생제 페니실린 한 병을 생각해 보자. 그 약 덕택에 다양한 형태의 패혈증으로 죽을 운명이던 수많은 이들이 목숨을 구했다. 믿음의 세 단계에 대해서도 이와 같이 생각할 수 있다. 나는 페니실린 약병이 존재함을 **인정**할 수 있다. 그것이 패혈증을 치료할 수 있음을 **신뢰**할 수 있다. 하지만 내가 그 병에 담긴 약을 **수용**하지 않는 한 아무것도 변하지 않을 것이다. 그 약이 나를 느리지만 확실하게 죽이고 있는 박테리아를 파괴하도록 허용해야만 한다. 그러지 않으면 나는 그 약에 대한 믿음에서 유익을 얻지 못한 게 된다.

십자가를 이해할 때 대단히 중요한 것이 바로 이 믿음의 세 번째 요소다. 믿음이 페니실린 한 병과 패혈증 치료를 연결하는 것과 마찬가지로, 믿음은 예수 그리스도의 십자가 및 부활과 우리 사이의 관계를 형성한다. 믿음은 우리를 부활하신 그리스도와 연합시키며, 용서, 은혜, 영생과 같이 그가 순종과 부활을 통해 얻은 모든 것을 우리에게 유효하게 만든다. 고전적인 화법을 사용하자면, 이 '그리스도의 은덕'은 믿음으로 말미암아 우리의 것이 된다. 그것은 그리스도의 인격과 분리되지 않으므로 우리는 그 유익만을 별도로 가질 수 없다. 더 정확히 말하면, 그것은 믿음으로 그리스도가 우리 안에 현존함으로 주어지는데, 이 현존은 실재하며 우리를 구속한다.

그렇다면 믿음이란 단지 추상적인 일련의 교리들에 대한 동의가 아니다. 그와 달리 믿음은 그리스도와 믿는 이 사이의 상호 헌신과 연합을 가리키는 "결혼반지"(루터)다. 또한 하나님에 대한 믿는 이의 전인적인 반응이다. 이것은 결국 그리스도가 믿는 이 안에 실제로 또 인격적으로 현존하는 상태로 이어진다. 루터의 비텐베르크 대학교 동료인 필리프 멜란히톤(Philipp Melanchthon)은 "그리스도를 아는 것은 그의 은덕을 아는 것이다"라고 썼다. 장 칼뱅(John Calvin)은 특유의 명쾌함으로 다음과 같이 주장한다. "우리를 자기 몸에 접붙이신 그리스도는 우리로 하여금 그의 모든 은덕뿐 아니라 그 자신과 함께하도록 한다." 칼뱅의 주장에 따르면, 그리스도는 "단지 이해와 상상으로만 받아들여지는 게 아니다. 하나님의 약속들 가운데 그리스도가 주어질 때, 그것은 우리가 단순히 그를 보고 아는 것에 그치지 않고 그가 누리는 참된 소통을 함께 향유하도록 하기 위함이다."[1]

그렇다면, 믿음이 믿는 사람을 그리스도의 인격과 은덕 둘 다에 결합시킨다는 이 기독교 사상의 중심 주제를 어떻게 이해해야 할까? 이 중요한 논지를 이해하는 데 가장 도움이 되는 비유는, 믿음이 남편과 아내를 연합시키는 결혼의 유대와 유사하다고 보는 결혼 비유다. 마르틴 루터는 1520년에 쓴 『그리스도인의 자유』(The Liberty of a Christian, 동서문화사)에서 이 원리를 분명하게 제시한다.

신부가 신랑과 연합하듯, 믿음은 영혼을 그리스도와 연합시킨다. 바울이 가르치는 대로, 그리스도와 영혼은 이 비밀에 의해 한 육체가 된다(엡 5:31-32). 그리고 그들이 한 육체이며 그 결혼이 진짜라면…그들이 가지고 있는 모든 것은 좋든 나쁘든 공동 소유라는 결론이 나온다. 그러므로 믿는 이는 그리스도가 소유하고 있는 무엇이든 마치 자신의 것인 양 자랑하고 기뻐할 수 있다. 또한 믿는 이가 가진 것이 무엇이든 그리스도는 그것을 자기 것으로 주장한다. 이것이 어떻게 작용하는지, 그리고 우리에게 어떤 유익을 주는지 보자. 그리스도는 은혜와 생명, 구원으로 가득 차 있다. 인간의 영혼은 죄와 죽음, 저주로 가득 차 있다. 이제 믿음이 그 둘 사이에 오게 한다면, 죄와 죽음과 저주는 그리스도의 것이 될 것이며, 은혜와 생명과 구원은 믿는 이의 것이 될 것이다.

인간의 결혼은 결코 법적 의제가 아니다. 그것은 인격적인 연합, 상호 헌신, 공동생활, 재산 공유까지를 포함하는 두 사람 사이의 실질적이고 생생한 관계다. 바로 이 관계가 믿음을 통해서 믿는 이와 부활하신 그리스도 사이에 확립된다. 믿는 이는 그리스도 안에 있게 된다.[2] 믿는 이와 구속하는 그리스도 사이에 역동적인 유대가 형성되며, 그 여파로 그가 순종함으로써 우리를 위해 얻은 모든 것에 함께하는 일이 일어난다.

그렇다면 우리는 어떻게 그리스도가 십자가에서 성취하신 것에서 유익을 얻을 수 있을까? 바로 이 지점에서 믿음의 본질에 대한 고찰이 매우 중요해진다. 믿음은 우리를 그리스도와 연합시키며, 그리스도가 우리 안에 인격적으로 현존할 수 있도록 하는 유대다. 동시에 그것은 우리를, 그가 우리를 위해 십자가에서 얻은 모든 자원 및 특권과 결합시킨다. 믿음은 경로와 같은데, 그 경로를 통해 그리스도의 의가 우리의 것이 되어 우리는 하나님이 보시기에 의롭게 된다. 믿음은 손과 같은데, 그 손을 뻗어 용서, 기쁨, 희망과 같이 그리스도가 우리에게 제공하는 보배들을 붙잡을 수 있다. 믿음은 벌어진 입과 같은데, 그 입은 해방, 구원, 영생과 같이 그리스도가 우리에게 베푸는 모든 것을 먹는다.

믿음이 그리스도를 붙잡는 손이라면, 그리스도는 우리에게 선물로 주어진다는 사실이 중요하다. 복음이 지속적으로 강조하는 바는 우리가 결코 달성하거나 얻기를 기대할 수 없는 모든 것이 우리에게 값없이 주어진다는 것이다. 그것이 은혜의 본질이다. 다시 말해, 우리가 받을 자격이 없으며 감히 기대하지도 못했던 것들을 우리에게 주시는 하나님의 자애로움이 은혜의 본질이다.

이제 이것이 4장에서 논의된 구원의 다섯 가지 이미지와 어떻게 연결되는지 알 수 있다. 그중 세 가지를 검토해 보겠다. 나머지 두 가지는 독자의 몫이다.

1. **전쟁터**. 하나님은 예수의 죽음과 부활을 통해 군사적 승리를 달성하셨다. 이 승리의 열매들은 우리에게 선물로 주어진다. 우리는 전투에 직접 참가하지 않았음에도 불구하고 전리품을 나누어 갖도록 초대받는다. 그 전리품 중에는 억압에서의 자유가 있다. 그 분투의 결말은 이미 정해져 있다. 우리는 노력으로 창조하거나 얻은 게 아니라 선물로 주어진 새로운 세계와 새로운 시대로 들어가도록 초대받는다.

2. **관계**. 우리 대부분은 개인적인 경험을 통해, 관계가 오해나 순전한 어리석음 때문에 혹은 타인의 감정에 대한 적절한 배려가 부족해서 얼마나 쉽게 잘못될 수 있는지 알고 있다. 그러나 깨어지거나 두절된 관계는 잠재적으로는 **갱신된** 관계다. 그

갱신의 과정은 종종 고통스러운 것으로, 상처와 그 상처를 만든 것을 함께 드러내는 괴로운 과정을 수반한다. 그런데 피해자가 가해자에게 용서를 건네면서, 화해를 통해 소외의 쓰라림에 변화가 일어난다. 다만 관계가 변화되려면 용서가 받아들여져야 한다. 용서는 양방향 도로다. 믿음은 자신으로 인해 단절된 관계의 쓰라림을 겪은 사랑하는 이가 건네는 용서에 "예. 그리고 미안해요"라고 말하는 것이다.

3. **병원**. 베데스다 연못에서 날 때부터 불구인 남자에게 다가가며 예수는 간단한 질문을 던진다. "낫기를 **원하느냐**?"[3] 믿음은 상처 입은 의사인 그리스도가 건네는 치유의 제안에 "예"라고 말하는 것과 관련이 있다. 또 생명을 주는 약을 수용하는 것과도 관련이 있다. 그 약이 없다면 우리는 죽게 된다. 수락과 신뢰는 믿음의 마지막 요소, 곧 약속 안으로 들어가 그것이 제공하는 바를 받기 위한 길을 예비한다. 하나님은 그리스도가 십자가에서 성취한 것으로 우리를 치료하고 온전하게 하겠다고 제안하신다. 하지만 변화가 일어나려면 우리가 그 치유의 제안을 수락해야만 한다.

동일한 통찰이 법정이나 감옥에서 끌어온 이미지에도 적용될 수 있다. 당신은 당신이 지은 죄에 대한 사면을 제안받고 있다. 그것을 수락하느냐는 당신에게 달려 있다. 감옥문은 열어젖혀졌고 당신은 자유롭게 떠날 수 있다. 하지만 그 감방에서 스스로 걸어 나가 자유를 수락해야만 한다.

여기서 어려운 문제가 발생하는 것처럼 보인다. 우리에게 모든 것이 선물로 주어진다면, 우리는 이 선물들을 받아들이되 인격적으로는 변하지 않은 채로 남아 있을 수도 있지 않을까? 하나님은 죄인인 우리에게 그의 선물을 주실 것이지만, 우리는 죄인으로 남아 있을 수 있다. 이것은 변화를 일으키는 믿음의 특성에 대한 논의로 우리를 이끈다.

앞에서 보았듯이 믿음은 우리를 그리스도와 연합시킨다. 그것은 가장 깊고 가장 개인적인 차원에서 그리스도와 믿는 이 사이에 연합의 유대를 확립한다. 그 인격적인 관계야말로 우리가 그리스도인으로서 성장할 수 있는 열쇠다. 우리는 그리스도와 연합함으로써 그리스도와 같이 되기 때문이다. 우리 안에 거하는 그리스도의 현존은, 우리가 성숙하여 그리스도 자신과 같이 되도록 성령의 능력을 통해 우리를 변화시키게 된다.

믿음은 우리를 변화시키며 우리가 좀더 그리스도와 같아지도록 만든다. 믿음에 이르는 것은 그저 어떤 새로운 개념들을 믿거나 하나님에게 신뢰를 두기만 하는 것이 아니다. 바로 이 두 가지를 다 하는 것이며, 부활한 그리스도와 연합함으로써 그의 현존으로 말미암아 변화되고 새로워지며, 그의 이미지대로 그와 비슷하게 개조되는 것이다. 그러나 우리가 결과적으로 개성을 잃는 건 아니다. 오히려 우리의 개성은 그리스도와 연관됨으로써 실현된다. 중세의 위대한 신학자 토마스 아퀴나스(Thomas Aquinas)는 이렇게 쓴 적이 있다. "은총은 자연을 폐하지 않고 완성한다." 미성숙하거나 활성화되지 않은 믿음은 그저 하나님에 관한 어떤 사항들이 참되다고 믿을 뿐이고 그 이상은 없을지도 모른다. 그러나 살아 있는 믿음은 믿음의 대상인 살아 계시고 우리를 사랑하시는 하나님과 연합되며 그분에 의해 변화된다.

우리의 필요를 위한 십자가

4장에서 우리는 다섯 가지 이미지들이 어떻게 우리가 십자가를 이해하도록 돕는지 보았다. 이 이미지들은 물론 상호 모순되지는 않는다. 이를테면 십자가는 자유와 치유와 용서를 의미한다. 세 이미지는 상호보완적이다. 그것들은 어우러져 온전한 전체를 이룬다. 예수 그리스도의 십자가와 부활로 인해 변화되는 것은 해방되고 치유되며 용서받는 것이자 그 이상이다.

11월의 어느 늦은 저녁, 나는 남부 캘리포니아에서 피트라는 한 남자를 만났다. 내가 샌디에이고의 지방 주립 대학에서 학생들로 이루어진 큰 청중을 대상으로 막 연설을 하고 난 뒤, 그는 내게 자신을 소개했다. 긴 하루였고 나는 지쳐 있었다. 나는 그의 말을 충분히 주의를 기울여 듣지는 않았다. 그런데 그의 이야기가 나를 깨어나게 했다. 그는 나에게 자신이 처해 있던 곤경을 매우 상세하게 묘사했다. 내가 그의 능변에 필적하거나 그 이야기의 통절함을 결코 포착할 수는 없지만, 이야기의 골자는 다음과 같았다.

그는 코카인 중독자였다. 그는 벗어날 방도가 없이 자신의 상황에 갇혔으며, 스스로도 그것을 알고 있었다. 그가 할 수 있는 어떤 일도 상황을 바꿀 수는 없어 보였다. 마치 보이지 않는 세력들이 그의 의지를 꺾어 자기들의 욕구에 맞춤으로써 그의 삶을 주조하고 있는 것 같았다. 그의 몸에서는 희망이 빠져나갔으며 살고자 하는 의지도 남김없이 말라 버렸다. 그는 마약에 필요한 돈을 조달하기 위해 이미 수많은 좀도둑질을 했다. 때때로, 자기 존재의 중심이 되어 버린 흰 가루의 정기적인 공급만 보장된다면 살인마저 불사할 수 있다는 유혹을 받기도 했다. 그의 모든 바람과 두려움은 이 강렬한 욕구에 집중되었다. 그것은 천천히 그러나 확실히 그를 파괴하고 있었다. 그는 사실이 이렇다는 것을 생각으로는 알고 있었지만 도무지 그 습관을 버릴 수 없었다. 그는 중독되었다. 그런데 자신이 중독되었음을 인식하는 것이 도움을 주는 것 같지는 않았다. 자신의 문제를 알기만 한다고 그것이 해결되지는 않았다. 의지가 꺾이고, 그는 자신이 잃어버린 순수의 시절, 흰 가루를 발견하기 이전을 지독하고도 눈물 젖은 향수로 되돌아보곤 했다. 그 시절은 너무도 멀리 있는 것 같았으며, 결코 돌아오지 않을 것 같았다. 마약 중독의 길에 접어든 그는 돌아오기에는 너무 멀리 가 버렸다. 암울하고 황량하기만 한 미래가 놓여 있는 것 같았다. 새로 시작하는 하루하루는 낙담으로 어두우며 희망이 없어 보였다.

나는 두 가지 이유로 이 대화를 기억한다. 첫째는, 코카인 중독자의 삶이 형언할 수 없이 암울함을 그려 내던 이 젊은이의 능변 때문이다. 나는 이런 문제가 있었던 적이 없음에도 불구하고, 그가 너무도 잘 묘사한 나머지 내가 그 세계 속으로 들어가 암울하고 절망적인 공허에 함께하고 있다고 느꼈다. 자신이 통제하지 못하는 무언가에 의해 철저히 억압받고 지배당하는 그 느낌은 내가 이전에 경험한 적 없는 강한 힘으로 가슴에 뼈저리게 와 닿았다. 짧은 몇 분간 나는 희망 없는 이들과 낙오자들의 정신세계에 참여했다. 아주 무서운 경험이었다.

그러나 이 대화가 기억나는 두 번째 이유는 대화의 최종 결론과 관계가 있다. 피트는 자신의 상황을 매우 생생하게 묘사하고 나서 "좀 암울하게 들리죠?"라고 물었다. 나는 동의할 수밖에 없었다. 그는 계속 말했다. "그런데 저는 이제 자유로워요. 습관을 끊었지요. 어떻게 했는지 알고 싶은가요?" 그리고 그는 자신이 어떻게 기독교로 회심하게 되었는지 이야기해 주었다. 그는 회심하면서 해방을 발견했다. 그가 중독되지 않을 수 없게 만들었던 그 힘은 어쩐지 무력화된 것 같았다. 그는 치유되었고 온전한 인간이 되었다. 그의 삶에서 구름이 걷혔다. "저는 대신 예수님에게 중독된 것 같아요. 그리고 그게 정말 굉장하다는 걸 알아 주셨으면 해요!" 그가 다시 친구들에게 합류하기 위해 자리를 뜨며 전한 작별 인사였다.

모든 사람이 코카인 중독자인 것은 아니다. 그러나 우리 가운데 많은 이들이 자신의 삶에서 피트의 이야기 비슷한 것을 알아볼 것이다. 우리 모두는 이런저런 상황에 빠져 옴짝달싹 못한다. 피트는 흰 가루에 중독되었다. 다른 이들은 그보다는 덜하지만 분명히 실재하는 습관들에 중독된다. 칭찬에 대한 욕구, 지위 추구, 인정 추구와 같은 습관들 말이다. 피트는 보편적인 문제의 극단적인 사례에 해당한다.

하지만 이 짧은 이야기가 우리의 논의와 진정으로 관련되는 부분은 피트의 이야기가 해방과 치유라는 회복의 두 이미지를 연결하는 방식에 있다. 그는 중독에서 해방되었으며 한 인간으로서 치유되었다. 두 이미지가 중첩된다. 그것들은 서로를 관통하며 서로 연관된다. 이 장에서 논의되는 다른 이미지들도 동일한 패턴을 따른다. 그 모두는 예수 그리스도의 십자가 죽음과 부활 안에 있다. 십자가에 부과된 게 아니라 십자가 안에서 파악된 것들이다.

18세기에 아이작 뉴턴(Isaac Newton)은 케임브리지 트리니티

칼리지의 자기 방에서 중요한 발견을 했다. 그는 유리 프리즘에 의해 흰 광선이 그것을 구성하는 색들로 분산될 수 있음에 주목했다. 무지개의 색들을 만들어 내는 바로 그 효과가 실험실에서 한 조각의 유리로 재현될 수 있었다. 그런데 유리 프리즘은 실제로 무엇을 했는가? 단지 흰빛을 그 구성 요소들(빨강, 주황, 노랑, 초록, 파랑, 남색, 보라)로 분산시켰을 뿐이다. 그 색들은 늘 거기 흰 광선 안에 있었으며, 프리즘은 단지 그것들이 분리되어 따로따로 검토될 수 있도록 했을 뿐이다. 겉보기에는 흰 태양빛은 사실 서로 다른 여러 색의 조합으로 이루어져 있음이 드러났다. 프리즘은 그 색들이 서로 분리될 수 있도록 했다. 본질적으로 모든 것은 결합되어 있었으나 실험실에서 분산될 수 있었다.

신학에서도 마찬가지다. 신학은 십자가와 부활의 메시지를 그 구성 요소들로 분해해 그것들이 개별적으로 검토될 수 있도록 한다. 십자가의 메시지는 하나의 단일체인데, 그것은 복합적인 단일체다. 전체 메시지에 대한 더 나은 감상과 이해는 바로 그 개별 요소들을 하나하나 검토함으로써 가능하다. 그런데 이 구성 요소들은 창안되는 게 아니라 발견된다. 그것들은 어떤 지나친 신학적 상상의 산물이 아니라, '십자가의 메시지' 안에 이미 현존하며 우리의 분석을 기다리고 있다. 각각을 분리해 내어 개별적으로 연구될 수 있도록 하는 것이 신학자가 하는 일의 전부다.

그러나 흰빛과 프리즘의 이야기는 여기서 끝이 아니다. 흰빛을 그것을 구성하는 색들로 분산시키는 바로 그 프리즘이, 그 색채들을 재조합해 본래의 흰 광선을 다시 만들어 낼 수 있다는 사실이 곧이어 발견되었다. 이를 깔끔하게 입증하는 한 실험이 고안되었다. 먼저 흰 광선이 하나의 프리즘을 통과하자 찬란하고 다채로운 색의 스펙트럼으로 분산되었다. 그런 다음 이 무지개 색들은 첫 번째 것과 동일한 두 번째 프리즘을 통과하게 되었는데, 그 색들은 즉시 다시 조합되어 흰 광선이 되었다.

신학에서도 마찬가지다. 더 나은 이해를 위해 십자가의 메시지를 분석하고 그 안에 있는 은총의 이미지들을 밝혀낸 신학자는 그것들을 다시 조합해 십자가의 메시지를 전한다. 그것은 전과 동일한 메시지이지만 이제는 훨씬 더 잘 파악되고 음미된다. 우리는 왜 이 분석에 신경을 쓰는 것이며, 거기에는 무슨 의미가 있을까?

대답은 그것이 중요한 만큼 단순하다. 메시지를 청중과 관련시켜야 하기 때문이다. 우리는 반드시 십자가의 메시지가 최대한 효과적으로 선포되도록 해야 한다. 그것은 복음을 위해 어떤 접촉점이 있는지를 묻는다는 의미다. 우리는 어떻게 복음이 사람들이 가려워하는 곳을 확실히 긁어 주도록 할 수 있을까? 전문 용어를 쓰자면, 복음 선포는 수용체 지향적이어야 한다. 다시 말해, 복음은 청중 가운데서 그것을 기다리는 기회들을 향해 전해져야 한다.

십자가 메시지의 모든 요소들이 인간의 상황과 관련이 있지만, 각 개인에게는 서로 다른 구체적인 필요들이 있을 것이다. 이를테면, 어떤 이는 죽음에 대한 깊은 공포를 갖고 있을지도 모른다. 그러면 복음은 그 상황에 맞추어져야 한다. 그것은 복음을 축소하는 것일까? 그렇지 않다. 그것은 이 부분이야말로 이 개인의 삶에서 문제가 있는 곳이라는 인식이다. 복음이 가져오는 치유의 결과들이 새로운 믿음의 삶 속에서 분명해지기 시작하면서 나머지 요소들도 뒤따라올 것이다. 이 죽음에 대한 공포를 다루는 십자가 메시지의 요소는 쐐기의 얇은 쪽 끝과 같이 진입점을 확보하는 것이다. 그것은 메시지 안에 있는 하나의 강조점이지 메시지를 하나의 단일한 논지로 축소한 게 아니다. 그것은 분명 매우 적절하지만, 그럼에도 출발점일 뿐이다. 마치 복음의 전 자원들에 이르는 문들을 열어젖히기 전에 우선 불신앙의 진영으로 들어가는 트로이의 목마와 같다. 나머지는 뒤따라올 수 있으며 그러할 것이다.

따라서 복음을 좀더 효과적으로 선포하고자 할 때, '십자가의 메시지'를 그 구성 요소들로 분해하는 일을 통해 우리는 우리가 사용할 수 있는 자원들의 본질을 이해할 수 있다. 각 개인의 삶에는 실질적이고 긴급한 필요가 있으므로 복음은 구체적으로 선포되어야 한다. 우리는, 이를테면 '해방'에 관해 모호하고 막연한 용어로 이야기하는 것과 같이 복음에 대해 속수무책으로 일반화된 접근을 택하면 안 된다. 대신 다음과 같이 물어야 한다. 내가 복음을 설명하려 애쓰는 이 사람은 무엇에서 해방될 필요가 있을까? 이는 사람들과 그들의 필요들을 알게 되는 것을 의미한다. 그래서 그들의 상황에 알맞은 이미지와 언어를 사용하는 것을 의미한다. 바울은 자기 독자들의 도시 생활에서 끌어낸 이미지들을 훌륭하게 사용한다. 예수는 갈릴리 지방 공동체의 일상생활에서 기가 막히게 끌어낸 비유들을 효과적으로 활용한다.[4] 그들은 자기들이 무엇을 말하고자 하는지 알았고, 어떻게 말해야 하는지도 알았다. 우리도 똑같이 해야 한다.

그렇다면 문제는 맥락화다. 십자가와 부활의 영향력이 반드시 한 개인에게 충분히 미치도록 하려는 진지하고도 지속적인 시도가 있어야만 한다. 이것은 우선 그 상황에 영향을 줄 수 있는 복음의 전 자원들을 아는 것을 의미한다. 둘째로 그것은 십자가의 메시지가 확실히 개인의 필요들과 충분히 얽히고 맞물리도록 개인의 상황을 아는 것을 의미한다. 그러니 복음을 알라. 그리고 친구들을 알라.

십자가를 위한 접점

어느 기독교 신학 서적이든 이론의 모래톱 속으로 가라앉을 위험을 무릅쓴다. 그리스도의 십자가와 부활에 대한 성찰은 세상 속의 구체적인 행위로 발전하기보다 자주 내적 성찰과 추상화로 퇴보한다. 십자가는 너무 많은 것을 의미하기 때문에 추상적인 이론들, "우리의 머릿속에서 굴러다니는 지식"(칼뱅) 같은 것으로 축소될 수 없다. 십자가는 우리가 세상에서 만나는 이들을 이해하고 섬기는 새로운 방식들에 주의를 환기시키면서 우리의 사고와 삶을 형성해야 한다.

이 장을 마무리하면서 타락한 인간 본성이 갖기 쉬운 공포와 불안들 가운데 몇 가지를 숙고하려 한다. 이것들은 실제로 존재하며, 십자가는 이를 더 잘 이해하도록 돕는다. 이것들은 인생의 슬프고 고통스러운 측면을 담은 삽화나 작은 스냅 사진들과 같은데, 그리스도가 이 길을 앞서 지나갔음을 알게 되면 여기에 새로운 품격과 차별성이 부여된다. 이 슬프고 고통당하는 세상과의 접점을 통해 믿음의 기쁨이 이해될 수 있다. 현대 서구 문화에 깊숙이 박혀 있는 듯 보이는 죽음에 대한 공포를 한 가지 예로 들어 보자. 그리스도의 십자가와 부활은 죽음을 겁내는 이와 어떻게 연결될 수 있을까?

우디 앨런(Woody Allen)은 아마도 인간의 이 병적인 공포를 다루는 가장 중요한 현대 미국 영화 제작자들 가운데 하나일 것이다. <한나와 그 자매들>(*Hannah and her Sisters*)에서 그는 잊을 수 없는 한 장면을 보여 준다. 고적한 한밤중에 한 남자가 깨어나, 자신이 아마도 머지않아 죽게 되리라는 달갑지 않은 사실에 직면한다. 그는 소리를 지른다. "세상에! 나는 **죽게** 될 거야!" 거의 모든 사람들의 인생에서, 종종 밤늦은 시간에, 죽음에 관한 섬뜩한 생각이 번개처럼 뇌리를 스치고 지나가는 순간이 있다. 그러나 아무도 그에 대처할 수가 없다.

가까운 친구나 친척의 죽음이 인생의 전환점으로 드러날 때가 매우 많다. 죽음이 영원히 회피할 수는 없는 문제임을 깨닫게 되면, 친구의 죽음은 믿음의 탄생으로 이어질 수 있다. 죽음은 직면해야 하는 대상이다. 그런데 많은 이들은 죽음이라는 끔찍한 현실에 도무지 대처할 수가 없음을 발견하고는, 어느 날 죽을 것이라는 사실에 직면할 필요 없이 살 수 있게 해 주는 온갖 대응 기제들을 고안한다. 어네스트 베커(Ernest Becker)의 유명한 책 『죽음의 부정』(*The Denial of Death*, 인간사랑)은 이 점을 매우 분명하고도 힘 있게 주장한다. 많은 이들이 죽음이라는 공포에 은밀하게 사로잡혀 있다.

십자가는 우리를 이 공포에서 해방시킨다. 그것은 세상 안에서 자신이 처한 상황을 겁내거나 불안해하는 우리의 자연스러운 성향에 대해 강력한 해독제로 작용한다. 죽음의 쏘는 것이 십자가에 의해 뽑혔으며 부활을 통해 승리가 주어졌음을 알고서 우리가 조용하고 침착한 자신감으로 죽음에 직면할 수 있도록 해 준다. 히브리서는 이 점을 강력히 주장하며 "죽기를 무서

워하므로 한평생 매여 종 노릇 하는 모든 자들을 놓아주려"(히 2:14-15) 예수가 죽었다고 선언한다.

이제 이 접근법이 전하는 바에 주목해 보자. 그것은 "죽음이 패배당한 것처럼 굴자. 그것의 위력이 꺾인 것처럼 굴자. 그리고 마치 죽음 따위로 염려할 것 없는 것처럼 살자"라고 말하고 있지 않다. 그렇다면 삶의 혹독한 현실에 눈감은 채 환상의 세계에서 사는 것이나 마찬가지일 것이다. 아니다! 실로 그와는 매우 다르다. 이 접근법은 "예수 그리스도의 십자가와 부활로 말미암아 죽음의 위력이 꺾였다. 그리스도를 통해 죽음에 대한 승리가 우리에게 주어졌다. 십자가에서 그리스도가 죽음과 맞붙어 싸워 이겼으므로, 우리는 더 이상 죽음을 두려워할 필요가 없다"라고 말하고 있다. 이것은 결코 과도하게 들뜨고 풍부한 인간적 상상력이 빚어낸 가상 세계가 아니다. 이것은 하나님 자신에 의해 주어지고 보장되는 복음의 실제 세계다. 그리고 이러한 앎은 우리를 변화시킬 것이다. 우리가 생각하는 방식과 우리가 사는 방식을 변화시킬 것이다.

죽음은 길들여졌다. 존 버니언(John Bunyan)은 생생한 이야기 전개를 활용해 『천로역정』(*Pilgrim's Progress*)에서 이 점을 강력하게 주장한다. 크리스천은 길을 따라 걷는 중에 경악스럽게도 흉포한 사자 한 마리가 길을 막아서는 것을 알아차린다. 그 짐승을 피할 수 있는 방법은 없다. 그는 공포에 휩싸인 채 가까이 다가간다. 그리고 기쁘게도 그 사자가 기둥에 묶여 있음을 발견한다. 누군가가 그보다 앞서 동일한 상황에 처했으며 이 무시무시한 짐승을 길들였다. 비록 그는 같은 길을 걸어야 하지만, 앞선 여행자가 그를 위해 그 길을 안전하게 만들어 놓았다. 다른 누군가가 그의 앞에 있는 저 적대적인 피조물과 맞닥뜨려 그것을 무장해제시켰다. 사자는 그대로 남아 있지만 그것이 한때 가했던 위협은 제거되었다.

십자가는 이 악의에 찬 죽음의 횡포에서 우리를 해방시킨다. 우리의 목을 조이는 죽음의 압박을 흩뜨린다. 신약성경은 그리스도가 살아 있으며, 그가 살아 있기 때문에 우리 또한 살리라는 기쁨에 찬 깨달음으로 가득하다. 죽음의 위력과 실재에 대한 그리스도의 승리는 우리의 승리다. 믿음은 우리를 그리스도와, 그리고 죽음을 통한 죽음의 정복을 포함해 그가 성취한 모든 것과 연합시킨다. 우리는 정녕 삶의 한가운데에서 죽음 안에 있다. 그러나 더더욱 참된 것은 우리가 죽음의 한가운데에서 삶 안에 있다는 점이다. 우리는 복음을 통해 우리에게 가능해진 영원한 삶을 경험하기 시작한다. 그리고 어떤 것도, 심지어 죽음 자체도 이 삶을 우리에게서 빼앗아 갈 수 없다. "사망을 삼키고 이기리라"(고전 15:54).

이와 같이 십자가의 메시지는 죽음을 두려워하는 이에게 매우 중요한 요소를 포함하고 있다. 죽음에 대한 숨 막히는 공포는 물리칠 수 있는 것이다. 그리스도의 십자가와 부활은 우리를 억압하는 세력을 흩뜨릴 수 있으며, 그리하여 예수 그리스도의 죽음과 부활이라는 좋은 소식을 전적으로 주장할 수 있는 길을 연다.

또한 현대 사회에 널리 퍼져 있는 소외감을 이용하는 접근법도 있다. 많은 사람들이 세상에 무언가 문제가 있음을 깊이 인식하고 있다. 현대 서구 문화에 매우 깊게 뿌리내린 인식이다. 이 주제를 다룬 문헌도 상당한데, 제2차 세계대전 이후 수년간 특히 중요해졌다.[5] 장 폴 사르트르(Jean-Paul Sartre)의 『자유의 길』(*The Roads to Freedom*, 고려원), 그레이엄 그린(Graham Greene)의 『브라이튼 락』(*Brighton Rock*), 그리고 알베르 카뮈(Albert Camus)의 『이방인』(*The Outsider*)은 모두 이 소격(疏隔)의 감각을 증언한다. 사르트르와 카뮈에게 이러한 소외는 인간 본성의 피할 수 없는 특징이다. 이것을 당해 내기란 불가능하다. 우리는 전 존재에 걸쳐 소외되도록 운명 지어져 있다. 마르크스는 소외가 혁명으로 극복될 수 있다고 주장했다. 그러나 마르크스주의에 의해 고무되고 인도되는 혁명을 겪은 사회는 소외가 극복되기는커녕 더 악화되는 경험을 했다.

십자가는 이 소외감을 인지하고 다룬다. 십자가는 소외가 인간의 죄의 징후라고 주장한다. 소외는 인간의 노력으로 극복될 수 있는 것이 아니다. 그것은 훨씬 더 급진적인 것, 곧 인간의 죄의 무효화를 필요로 한다. 십자가와 부활은 죄의 실재와 위력 모두를 입증하지만, 그리스도 예수를 죽은 자 가운데서 살리신 하나님의 더 큰 실재와 위력 또한 입증한다.

이상은 그리스도의 십자가와 부활이 인간 공통의 경험을 다루는, 또한 믿음을 통해 그 경험을 하나님을 아는 구속의 지식으로 변모시키는 많은 방식들 가운데 두 가지에 지나지 않는다. 그러나 기본적인 전략은 명확하다. 우리는 복음 전도의 기회를 식별하기 위해서, 한편으로는 신학을 다른 한편으로는 청중을 알아야 한다. 그리고 예수 그리스도의 십자가와 부활에 자신의 지인들을 이해하는 능력과 잠재력이 있다는 확신을 가져야 한다.

맺는 말
영원한 희망의 상징

기업들은 로고를 디자인하는 데 거액의 돈을 쓴다. 기업은 광고 대행사를 고용해 대중의 마음속에서 자기 회사와 관련해 떠올랐으면 하는 특성을 표현하는 로고를 착안하게 한다. 보통 안정성, 신뢰성, 진보성, 혹은 진취성 같은 특성이다. 이 디자인은 그들의 공식 문서와 제품에 나타나며, 전국에 있는 지점에 눈에 띄게 게시될 것이다. 1980년대에 영국 노동당은 점차 인기가 없어지는 사회주의와의 연관성을 떨쳐 내고자 전통적인 붉은 깃발 로고를 포기하고 붉은 장미를 채택했다. 붉은 깃발은 모스크바 붉은 광장의 군대 열병식처럼, 이제는 받아들이기 어려운 이미지들을 떠올리게 했다. 장미는 (전통적으로 정원 가꾸기를 애호하며 특히 장미를 사랑하는 것으로 유명한) 영국인들에게 좀더 부드럽고 섬세한 느낌들을 불러일으켰다. 군대와 연관된 심상이 거부되고, 돌보는 당이라는 이미지를 연상시키도록 고안된 좀더 자애롭고 온화한 심상이 지지를 받고 있었다. 로고는 한 기업이나 단체에 대해, 적어도 그들 스스로가 어떻게 보이길 원하는지에 대해 많은 것을 말해 준다.

따라서 교수형 집행인의 올가미, 총살형 집행 부대, 가스실, 혹은 전기의자를 로고로 선택한 단체는 정신이 나간 것처럼 보일 것이다. 어떤 단체의 상징으로 처형 도구를 채택하는 것은 순전히 미친 짓이다. 그 단체의 구성원들은 도착적이고 병들었으며 죽음에 대해 병적으로 집착하는, 혹은 인간의 고통에 구역질 나는 흥미를 가진 이들로 간주될 것이다. 광고 대행사에게는 악몽 같은 일이다. 오직 가능한 한 빠르고 극적으로 실패하려고 작정한 정신 나간 단체만이 그런 상징을 선택할 것이다.

하지만 정확히 그런 상징이 보편적으로 기독교의 로고로 인식된다. 그리스도인들은 십자가 성호로 세례를 받는다. 교회나 여타 기독교 모임 장소는 십자가를 안에 둘 뿐 아니라 십자가 형태로 지어질 때도 많다. 많은 그리스도인들이 위태롭거나 불안할 때면 십자가 성호를 긋는다. 그리스도인의 무덤은 십자가로 표시된다. 기독교적 상징성의 기원과 전개에 대한 주의 깊은 연구들은 십자가가 최초의 시기부터 기독교 복음의 상징으로 이해되었음을 분명히 했다.

하지만 왜? 어째서 그렇게 충격적이고 불쾌한 상징을 택했을까? 보살핌과 연민을 좀더 나타내는 상징을 택하지 않은 이유는 무엇일까? 역사를 통틀어 사람들은 십자가에 분개해 왔다. 비판자들 가운데 다수는 기독교가 이 부조리를 포기한다면 훨씬 더 대중에게 호의적인 이미지를 갖게 되리라고 주장했다. 신약 시대에조차 십자가에 대한 혹평은 큰 환영을 받았다. 바울은 기독교가 십자가를 강조하는 것이 매우 중요한 두 무리의 사람들에게 말도 안 되는 것으로 여겨진다고 확신했다. 유대인들은 그것을 치욕스럽게 여겼고, 헬라인들은 그것을 순전한 광기로 보았다(고전 1:23).

십자가에 대한 적의가 세상에 널리 퍼져 있음에도 그 상징을 포기하지 않는 까닭은 무엇일까? 어찌하여 홍보 담당이나 광고 대행사들이 일반 대중에게 훨씬 더 매력적일 어떤 새로운 복음의 상징을 고안해 내도록 하지 않을까? 그래야 한다고 촉구하는 사람들은 언제나 많았다. 우리는 복음이 좀더 보기 좋게 포장된다면 삶의 장터에서 복음을 파는 일이 훨씬 더 쉬울 것이라는 이야기를 듣곤 한다. "죽음, 고통, 처형과의 이 불쾌한 연관을 제거하라. 이 야만적인 개념들은 현명하고 교양 있는 사람들의 감수성을 공연히 해친다. 그것들을 제거하면 기독교 신앙은 새로운 단계의 영향력과 수용 가능성을 얻을 수 있을 것이다."

그러나 십자가는 고유의 적합성이 있으며, 그것이 상실되어서는 안 된다. 십자가는 기독교 현실주의의 강력한 상징이다. 인생의 어떠한 전망이든 고통과 죽음의 암울한 현실에 대처할 수 없다면 경청할 가치가 없다는 선언이다. 이 고통과 죽음의 상징은 기독교가 삶의 암울한 궁극적 현실에 직면한다고 단언한다. 십자가는 결코 잊어서는 안 되는 중요한 것을 우리에게 상기시킨다. 하나님은 고통당하고 죽어 가는 이 세계에 삶의 새로움을 가져다주기 위해 들어오셨다. 기독교 밖에 있는 이들은 인류의 비극적 상황에 대해 십자가가 지닌 적합성과 능력을 배울 필요가 있으며, 이에 관해 **들어야만** 한다. 십자가는 감추어진 영광의 표지다. 세상이 내어놓을 수 있는 최악의 것에 맞서, 더 나은 길을 가리킬 뿐 아니라 가능케 한다. 너무도 자주 슬픔과 눈물이 감도는 세상에서, 십자가는 변화를 일으키는 희망의 상징으로 서 있다.

그러므로 십자가를 생각하자. 죽음의 상징으로? 아니다. 고통의 상징으로? 아니다. 죽음과 고통이 깃든 세상의 상징으로? 미흡하다. 죽음과 고통의 세상 한가운데 있는 희망의 상징으로? 그렇다! 이 어두운 세상과 그 너머에서 우리와 함께하시는 하나님의 상징으로? 그렇다! 요컨대, 십자가는 실재하는 세상에서 실재하는 희망을 나타낸다. 그 세상은 사라질 것이나, 그 희망은 영원토록 남아 있을 것이다.

주

2. 부활하신 그리스도

1 신명기 17:6; 19:15; 요한복음 8:17.
2 마태복음 23:29에 그 관습이 언급되어 있다.
3 마가복음 5:22-24, 35-43.
4 요한복음 11:1-44.
5 예를 들면, 고린도전서 15:5-8.
6 Baldensperger가 1932-1934년에 *Revue d'Histoire et de Philosophie Religieuses*에 게재한 일련의 논문들에서 제시한 이론으로, 대체로 신뢰를 얻지 못했다.
7 창세기 22:4.
8 여호수아 3:2-3.
9 호세아 6:2.
10 신명기 21:23; 갈라디아서 3:10-14을 보라.
11 사도행전 2:22-39, 특히 24, 31-33, 36절의 베드로의 논증에 주목하라.
12 헬라어 단어 '아포칼립시스'(*apokalypsis*)는 문자적으로 '베일을 벗긴다'는 뜻이다. 그것은 하나님의 얼굴이 마침내 그의 백성에게 드러난다는 의미를

지니는데, 그 백성은 이제껏 뒤쪽에서 언뜻 본 하나님의 모습으로 만족해야 했다. 출애굽기 33:23; 요한복음 1:18 참조.

13 마가복음 1:2-3. 말라기 3:1의 인용에 주목하라. 말라기 구절은 그것이 하나님이 자기 백성에게 오심에 관한 것임을 분명히 한다.

14 마태복음 3:13-14.

15 마가복음 2:1-12.

16 매우 중요한 이 주장에 대한 탁월한 논의로는 Wolfhart Pannenberg, *Jesus-God and Man* (London: SCM Press, 1968), pp. 53-66를 보라.

17 마가복음 1:22.

18 요한복음 15:13. 요한일서 4:8-9은 주의 깊게 읽어 볼 만한 가치가 있다. 요한은 하나님은 사랑이시라고 선언한 후에 이 사랑이 행위로 나타난 바 되었다고 주장한다. 하나님은 예수를 보내 우리를 위해 죽게 함으로써 그의 사랑을 **나타내셨다**.

19 신은 고통을 겪을 수 없다는 관념은 성경에 빚진 바가 전혀 없으며, 부활 후 첫 몇 세기 동안 영향력 있는 수많은 기독교 저술가들이 받은 그리스 철학의 영향에 기인한다. 현대 신학은 자기 백성과 더불어 고통당하는 신의 개념을 꾸준히 되찾아 왔다. 상세한 내용에 관해서는 Richard Baukham의 "Only the suffering God can help: divine passibility in modern theology", *Themelios* 9 (1984), pp. 6-12를 보라.

3. 십자가와 부활의 참 의미

1 고린도전서 15:3.

2 관심 있는 독자의 경우, 더 많은 논의를 위해 C. F. D. Moule, *The Origins of Christology* (Cambridge: Cambridge University Press, 1977)를 참조하라.

3 마가복음 2:1-12.

4 Alister E. McGrath, "Resurrection and Incarnation: The Foundations of the Christian Faith", *Different Gospels*, ed. A. Walker (London: Hodder and Stoughton, 1988), pp. 79-96를 보라.

4. 십자가의 이미지들

1 여기에서 영어와 관련된 문제가 있는데, 대부분의 언어에는 한 단어만 있으나(이를테면, *iustitia*, Gerechtigkeit) 영어에는 두 단어(righteousness, justice)가 있다. 'justice'가 사회적 문제들에 대한 마땅한 주의와 관심을 연상시키는 데 반해, 'righteousness'는 개인적인 도덕적 자질을 연상시키는 경향이 있다. 구약성경과 신약성경의 기초가 되는 이 히브리어와 헬라어 단어들의 경우 이러한 구별이 불가능하다. 그러므로 바울이 '하나님의 의'에 관해 말할 때(예. 롬 1:17), 그는 'righteousness'와 'justice' **둘 다**를 아우르는 셈이다.

2 마가복음 15:37-38.

3 이사야 53:10-12; 베드로전서 2:24.

4 이사야 53:12. 복음서 이야기에서 예수가 두 명의 죄수 사이에서 처형당한 사실이 어떤 식으로 무리 없이 드러나게 되는지에 주목하라. 여기에 이 예언의 실현이 있었다.

5 요한일서 4:9-10.

6 문제들 중 몇몇에 관해서는 Alister E. McGrath, *Iustitia Dei: A History of the Christian Doctrine of Justification* (2 vols.; Cambridge: Cambridge University Press, 1986), vol. 1, pp. 4-16를 보라. 『하나님의 칭의론: 기독교 교리 칭의론의 역사』(기독교문서선교회).

7 누가복음 1:68, KJV.

8 C. S. Lewis, *God in the Dock* (Grand Rapids: Eerdmans, 1970), p. 96. 『피고석의 하나님』(홍성사).

9 누가복음 7:36-50을 보라. 몇 절 앞서 진술된 '예수, 죄인들의 친구'라는 주제(눅 7:34)에 주목하라.

10 요한복음 3:16; 로마서 5:8; 요한일서 4:9-10. 로마서 5:7-8의 논의는 특별히 의미심장하다. 바울은 다음의 방식으로 논한다. 다른 사람을 위해 목숨을 내어놓는 것은 놀라운 일이다. 만약 살리고자 하는 이가 참으로 훌륭한 사람이라면, 우리는 그를 위해 목숨을 버리는 이의 동기를 이해해 볼 수도 있다. 그건 어느 정도 말이 된다. 그런데 자기 목숨을 죄인들을 위해 버리다니,

그저 놀라울 따름이다. 아마도 우리는 그 '놀라움'을 '은혜'로 다시 표현해야 할 것이다!

11 더 정확하게는 '전형'.

12 마가복음 8:31; 9:12, 31; 10:33. 9:32에서 제자들이 당혹해하는 것, 그리고 8:32-33에서 베드로가 예수 자신의 고난과 죽음에 대한 예언을 받아들이길 거부하는 것에 주목하라.

13 그리스도는 "모든 사람을 위하여 자기를 대속물로 주셨으니"(딤전 2:6)라는 선언 또한 주목하라.

14 이 주제가 누가복음 7:36-50, 특히 43절에서 변주되는 것에 주목하라. 이 구절의 요점은 탕감받은 빚이 많을수록 그 빚을 탕감해 준 이에 대한 사랑은 더 커진다는 것이다.

15 고린도전서 6:19-20과 7:23에서 바울이 이 논지를 활용하는 것에 주목하라.

16 실제로 NIV는 같은 단어를 여러 주요 대목들에서 이와 같이 번역한다. 마가복음 5:23, 28, 34; 6:56; 누가복음 13:14; 18:42을 보라.

17 이 접근이 기독교 영성에 대해 갖는 전반적인 함의에 관해서는 Alister McGrath, *Roots that Refresh: A Celebration of Reformation Spirituality* (London: Hodder and Stoughton, 1992), 8장과 9장을 보라.

18 특히 고린도전서 1:26-29을 보라.

19 의심에 대한 이 주장을 면밀하게 살펴보려면 Alister McGrath, *Doubt: Handling it Honestly* (Leicester: Inter-Varsity Press, 1990)를 보라. 의심은 믿음과 모순되지 **않는다**!

5. 십자가에서 이루어진 일

1 관심 있는 독자의 경우, Bertell Ollman, *Alienation* (Cambridge: Cambridge University Press, 1976)을 참고로 하여 이 주장에 대해 더 알아보면 좋을 것이다.

2 마르크스 연구가들은 물론 마르크스가 이 소외의 유형들 안에 여러 범주들을 인정하고 있음을 알 것이다. 이를테면, 내가 여기서 '객관적 소외'(Entfremdung)라고 칭한 것에는 네 가지 주요 범주가 있다.

3 마태복음 18:23-35은 이 압박감과 그 신학적 함의에 대한 훌륭한 예다.
4 교리와 감정의 관계에 대한 논의를 위해서는 Alister McGrath, *Understanding Doctrine* (London: Hodder and Stoughton, 1991), pp. 39-52를 보라.『기독교 교리 이해』(기독교문서선교회).
5 여기에서 주목할 만한 책 두 권이 있다. 고급 수준에서는 Os Guinness, *Doubt* (Tring: Lion, 1979)를 보라; 좀더 대중적인 수준에서는 Alister McGrath, *Doubt: Handling it Honestly*를 보라.
6 빌립보서 1:6.

6. 십자가를 믿는 삶

1 16세기 종교개혁가들에 대한 이 언급들에 관심 있는 독자는 Alister McGrath, *Roots that Refresh: A Celebration of Reformation Spirituality*를 면밀히 살펴보면 좋을 것이다.
2 바울의 중심 사상. '그리스도 안에' 있는 것은 그리스도와 연합되고 그에 의해 변화되는 것이다. 이 논지의 고전적인 진술을 위해서는 고린도후서 5:17을 보라.
3 요한복음 5:3-6, 공동번역.
4 후자에 관해서는 Kenneth E. Bailey, *Poet and Peasant: A Literary Cultural Approach to the Parables in Luke* (Grand Rapids: Eerdmans, 1976)를 보라.『시인과 농부』(여수룬).
5 이 개념에 대해 더 알고 싶은 독자는 R. Schacht, *Alienation* (New York: Doubleday, 1970)을 읽어 보면 좋을 것이다.

옮긴이 김소영은 연세대학교 영어영문학과를 졸업하고 장로회신학대학원에서 신학을 공부했다. 현재 시골에 살면서 번역 일을 하고 있다.

십자가란 무엇인가

초판 발행_ 2016년 3월 10일
초판 5쇄_ 2023년 4월 20일

지은이_ 알리스터 맥그래스
옮긴이_ 김소영
펴낸이_ 정모세

펴낸곳_ 한국기독학생회출판부
등록번호_ 제2001-000198호(1978.6.1)
주소_ 04031 서울시 마포구 동교로 156-10
대표 전화_ (02)337-2257 팩스_ (02)337-2258
영업 전화_ (02)338-2282 팩스_ 080-915-1515
홈페이지_ http://www.ivp.co.kr 이메일_ ivp@ivp.co.kr
ISBN 978-89-328-1438-4

ⓒ 한국기독학생회출판부 2016

책값은 뒤표지에 있습니다.
무단 전재와 복제를 금합니다.